7 wortstark PLUS

Sprach-Lesebuch Deutsch
Differenzierende Ausgabe

Werkstattheft

Schroedel
westermann

7 wortstark PLUS
Sprach-Lesebuch Deutsch
Differenzierende Ausgabe
Werkstattheft

Herausgegeben von
August Busse, Ingrid Hintz und Peter Kühn

Erarbeitet von
August Busse, Ingrid Hintz, Irmgard Honnef-Becker,
Peter Kühn, Gerd Ludwig, Eleonore Preuß und Fritz Wiesmann

Textquellen: S. 9: Aus: Die Räubernachtigall. Belorussische Märchen. Übersetzt von Lieselotte Remané. Berlin: Verlag Kultur und Fortschritt 1969; **S. 18/20:** Aus: Louis Sachar. Bradley – letzte reihe, letzter Platz. Übersetzt von Klaus Fritz. München: Hanser 2003. S. 7ff.; **S. 21:** Aus: Maja Gerber-Hess. Sonst kommst du dran! Braunschweig: Schroedel 2006. S. 27ff. © 2002 by cbj, München, ein Unternehmen der Verlagsggruppe Random House GmbH, München; **S. 24:** http://www.greenpeace4kids.de/themen/tierschutz/nachrichten/artikel/armer_eisbaer/; **S. 28:** (Sprechblasen) Aus: Dein Spiegel 3/2010. S. 46f.; **S. 30:** Aus: Franz Hohler. Ein eigenartiger Tag. Darmstadt/Neuwied: Luchterhand 1983; **S. 34:** Aus: T. Fontane. Sämtliche Werke. München: Nymphenburger 1962; **S. 37, Lösungsteil S. 4:** Aus: T. Storm. Sämtliche Werke. Frankfurt a.M.: Deutscher Klassiker Verlag 1987; **S. 38, Lösungsteil S. 5:** Aus: F. Grill-parzer. Werke. Wien 1909; **S. 39, Lösungsteil S. 5:** © Juliane Kühne; **S. 40:** http://www.small-talk-themen.de/themen/smalltalk-thema.php?nr=2064; **S. 41:** http://www.20min.ch/news/kreuz_und_quer/story/25194734; **S. 44:** http://sueddeutsche.de/wissen/umweltverschmutzung-im-pazifik-ein-strudel-aus-plastikmuell-1.90875; **S. 45:** Originaltext aus: ZEIT Kinderheft 2/2010. S. 56; **S. 46:** Anzeigentext aus: Mobil. Magazin der Deutschen Bahn 07/2010. Lizenzgeber: DerTour; **S. 47:** Aus: Trierischer Volks-freund v. 5./6. Juni 2010. S. 1; **S. 48:** Originaltext: dpa; **S. 49:** Originaltext aus: http://www.geo.de/GEOlino/kreativ/zeitvertreib/62076.html; **S. 50:** http://sueddeutsche.de/panorama/kanada-teenager-ueberlebt-auf-eisscholle-neben-baeren-1.138393; **S. 52:** Aus: Dein Spiegel 2/2010, S. 6 (Text leicht verändert); **S. 54:** http://www.geo.de/GEOlino/natur/tiere/1134.html?t=print; **S. 55:** Aus: Dein Spiegel 5/2010, S. 17 (Text leicht verändert); **S. 57:** Aus: Dein Spiegel 2/2010, S. 23ff. (Text leicht verändert); **S. 59:** Text von Christian Staas. In: GEOlino 1/2006, S. 18f. (Text leicht verändert).

Bildquellen: action press, Hamburg: REX FEATURES LTD. **52 1**. |Agentur SIKO, Bekond: **47**. |Baumüller: **53 1**. |Bofinger, Manfred, Berlin: **61, 68, 69**. |die bildstelle, Hamburg: REX FEATURES LTD. **24 1**. |Fabian, Michael, Hannover: **6 1**. |Fischer, Andreas, Freising: **58 1**. |Getty Images, München: Titel. |MISEREOR e. V., Aachen: **32**. |Perkuhn, Rainer, Mannheim: **43**. |photothek.net GbR, Radevormwald: Gudrun Senger **57 1**. |Picture-Alliance GmbH, Frankfurt/M.: AJG/Helga Lade **12 1**; dpa/Eckart Pott **46 1**; dpa/Wolfgang Kumm **48**; Eising/StockFood **49 1**; epa/Joint Rescue Coordination Center **50 1**; Fritz Poelking **28 1**; jg1/ZUMA Press **26 1**; ZB/J. Woitas **53 2**. |Pitopia, Karlsruhe: Gabi Sieg - Ewe **45 1**. |SANBREEZE GmbH, Berlin: (c) The Future is Wild Ltd. **54, 54, 54**. |Schmidt, Roger - Karikatur-Cartoon.de, Brunsbüttel: **25 1**. |Schwichow, Ekko von, Berlin: **42 1**. |Scripps Institute of Oceanography, La Jolla: Mario Aguilera **44 1**. |SPIEGEL-Verlag Rudolf Augstein GmbH & Co. KG, Hamburg: **55, 55, 55**; Dein SPIEGEL 01/2010 **26**. |Wandmacher, Ingo, Bad Schwartau: **40 1**. |© dtv Verlagsgesellschaft, München, München: **18 1**.

westermann GRUPPE

Druck A[12] / Jahr 2022
Alle Drucke der Serie A sind im Unterricht parallel verwendbar.

Die Seiten dieses Produkts bestehen zu 100 % aus Altpapier.

Damit tragen wir dazu bei, dass Wald geschützt wird, Ressourcen geschont werden und der Einsatz von Chemikalien reduziert wird. Die Produktion eines Klassensatzes unserer Arbeitshefte aus reinem Altpapier spart durchschnittlich 12 Kilogramm Holz und 178 Liter Wasser, sie vermeidet 7 Kilogramm Abfall und reduziert den Ausstoß von Kohlendioxid im Vergleich zu einem Klassensatz aus Frischfaserpapier. Unser Recyclingpapier ist nach den Richtlinien des Blauen Engels zertifiziert.

Redaktion: Stefan Bicker
Herstellung: Andreas Losse
Illustrationen: Sabine Lochmann,
Yaroslav Schwarzstein
Umschlaggestaltung und Layout: Janssen Kahlert Design & Kommunikation, Hannover (unter Verwendung eines Fotos: Getty Images)
Satz: Sandra Hammer, Winsen (Luhe)
Druck und Bindung: Westermann Druck GmbH, Georg-Westermann-Allee 66, 38104 Braunschweig

ISBN 978-3-507-**48233**-3

Werkstatt Rechtschreibung

Liebe Schülerin, lieber Schüler!

In diesem Werkstattheft kannst du arbeiten und üben. Du findest darin zu den Werkstattseiten des Schülerbandes weitere Aufgaben zum Lesen, Sprechen und Schreiben, zum Nachdenken über Sprache und zum Rechtschreiben.

Die meisten Übungen wirst du bearbeiten, wenn das Thema gerade mit dem Schülerband im Unterricht durchgenommen und besprochen wird. Manchmal kannst du aber auch Aufgaben zu einem Thema schon vorher lösen. Dann bist du gut vorbereitet auf das, was auf dich zukommt.

Wähle deine Übungen mit Überlegung aus! Frage dich, was für dich von besonderer Bedeutung ist, was du besonders üben und wiederholen solltest – natürlich auch, was du machen möchtest, weil es dir Spaß macht. Lass dich bei der Auswahl von deiner Lehrerin oder deinem Lehrer beraten.

Bevor du mit der Arbeit beginnst, solltest du noch die Hinweise auf der nächsten Seite beachten.

Und nun:
Viel Spaß und Lernerfolg mit dem „wortstark“-Werkstattheft!

Grüne, blaue, rote Aufgaben

1 Grüne Aufgaben: Sie bereiten die folgenden Aufgaben vor. Manchmal kannst du sie überspringen.

2 Blaue Aufgaben: Hier wird alles Wichtige wiederholt und geübt.

3 Rote Aufgaben: Du kannst sie zusätzlich machen. Oft sind sie wie im Schülerband ein bisschen kniffliger als die blauen.

Schülerband bereithalten

Halte während der Arbeit mit dem Werkstattheft den Schülerband 7 griffbereit. Zu vielen Übungen findest du in der Randspalte des Arbeitsheftes Hinweise, wo du dir zum Lösen der Aufgaben Hilfe im Schülerband holen und nachschlagen kannst.

Eintragen, anstreichen, schreiben ...

Du kannst direkt im Werkstattheft arbeiten (eintragen, anstreichen, schreiben, zeichnen) oder etwas auf ein Zusatzblatt schreiben und einkleben, wenn der Platz nicht ausreicht.

Lösungen überprüfen

Wenn du wissen möchtest, ob du alles richtig gemacht hast, dann kannst du im Lösungsteil nachschlagen.
Oft gibt es aber nicht nur eine Lösung, sondern mehrere sind möglich. Arbeite dann mit jemandem zusammen und vergleicht die Lösungen miteinander. Gebt euch Tipps und helft euch beim Überarbeiten und Berichtigen von fehlerhaften Textstellen. Holt euch dabei auch Hilfe von eurer Lehrerin oder eurem Lehrer.

Das kann ich schon ...

In den Werkstätten *Sprechen und Zuhören*, *Schreiben* und *Lesen – Texte und Medien* findest du immer wieder solche Kästen:

Das kann ich schon ...	☺	😐	☹
• Einen Text, in dem Spiele erklärt werden, schnell verstehen.			
• Spielregeln sinnvoll ordnen.			
• Spielanleitungen mit Zwischenüberschriften aufschreiben.			
• Für schriftliche Anleitungen verschiedene Sprachformen wählen.			
• In Anleitungen die Verben im Präsens erkennen.			
• Einen Text überarbeiten und dabei die Korrekturzeichen nutzen.			
• Kommentare aus der Textlupe in meinen Text einarbeiten.			
• Meinen Text durch die Überarbeitung verbessern.			

Hier kannst du dein Leistungsvermögen einschätzen und ankreuzen:
☺ Das kann ich gut.
😐 Das kann ich einigermaßen.
☹ Das muss ich noch üben.

Solche Kästen können am Anfang einer Übungseinheit stehen – dann kannst du aus den folgenden Übungen gezielt auswählen.
Meistens stehen sie aber am Ende einer Übungseinheit – dann bekommst du Tipps, wie du weiterarbeiten kannst.

Überprüfe dein Wissen und Können

In den Werkstätten *Sprache* und *Rechtschreibung* findest du diese blauen Seiten:

Überprüfe dein Wissen und Können

1 In den Wörtern fehlt b oder bb, d oder dd, f oder ff, l oder ll, m oder mm, n oder nn, p oder pp, r oder rr, t oder tt:

kna___ern   der Ra___e   er fä___t   der Schwa___
der Pfa___kuchen   der Bru___bär   die Ga___e   sie pa___eln
der Pu___el   der Bü___el   es bru___t   die Hü___e
die Lu___e   der I___tum   der Schwi___flügel

a) Setze den richtigen Buchstaben ein.
b) Diktiert euch die Wörter gegenseitig.

Hier kannst du dein Leistungsvermögen selbst testen.

Eine Rollendiskussion untersuchen

Eine 7. Klasse hat eine Rollendiskussion, wie sie im Schülerband auf S. 84–87 vorgestellt wird, vorbereitet und geführt. Das Thema: **Wärmeregulierung in den Klassenzimmern**. Sieben Schülerinnen und Schüler haben die Rollen der Diskussionsleitung und der Teilnehmer übernommen.
In der Diskussion treffen die unterschiedlichen Standpunkte aufeinander:

Diskussionsleiterin: Ich möchte zuerst das Diskussionsthema und die Diskussionsteilnehmer vorstellen:
Es geht um die Heizungsregulierung in unserer Schule, die besonders von den Schülerinnen und Schülern als unangenehm empfunden wird. Diskussionsteilnehmer sind der Bürgermeister, zwei Lehrerinnen und Lehrer, zwei Schülervertreter und der Hausmeister. Das Wort erteile ich zuerst dem Hausmeister.

1 **Hausmeister:** Unsere Schulheizung wird nun schon seit 30 Jahren zentral gesteuert, deshalb sehe ich keinerlei Notwendigkeit, dass die Schüler die Heizung selbst regulieren.

2 **Schüler Paul:** Ach so, nur weil das schon seit 30 Jahren so ist?! Was vor 30 Jahren richtig war, muss doch nicht immer richtig bleiben!

3 **Hausmeister:** Langsam, langsam, meine wichtigeren Argumente kommen jetzt: Ich trage die Verantwortung für die Regulierung der Heizung; ich muss dafür geradestehen, dass eine für alle angenehme Temperatur herrscht. Ich muss mich mit Reparaturen herumschlagen, wenn Schüler selbst an der Heizung herumdrehen. Das kostet mich viel Zeit und die Gemeinde muss dann die Reparaturkosten tragen.

4 **Schüler Paul:** Wir Schüler möchten gern die Temperaturen selbst steuern. Ich möchte anmerken, dass wir häufig im Herbst schwitzen, wenn die Heizung zu früh zentral angestellt wird, und im Frühling frieren wir manchmal, weil sie zu früh ausgeschaltet wird. Wir können doch selbst am besten entscheiden, ob es zu kalt oder zu warm ist.

5 **Schülerin Anna:** Ich möchte Pauls Argumente mit einem Beispiel verdeutlichen. Letztes Jahr gab es einen unerwarteten Kälteeinbruch Anfang Oktober. Da die Heizung zentral aber erst Ende Oktober eingeschaltet wurde, war ein Unterrichten kaum möglich. Wir Schüler zogen unsere dicken Jacken an, und einige nützten natürlich diese Situation aus und setzten ihre Käppis auf. Welches Chaos da entstand, kann man sich ja vorstellen.

6 **Lehrer Hänsel:** Liebe Schüler, ihr könnt doch nicht diese einmalige Situation anführen und damit die Selbstregulierung rechtfertigen.

7 **Lehrerin Rühmkorb:** Ich möchte noch einmal auf Annas Argument mit den Unterrichtsstörungen zurückkommen. Zum Teil kann ich ihr zustimmen. Ich fände es sinnvoll, wenn Regulatoren in den einzelnen Klassenzimmern angebracht würden, damit der unterrichtende Lehrer über die Regulierung entscheiden kann. Wenn aber Schüler entscheiden können, ob Fenster geschlossen oder geöffnet werden, ist ein ständiger Streit zu erwarten. Fenster werden aufgerissen und wieder zugeknallt, Unterrichtsstörungen sind vorprogrammiert.

8 **Hausmeister:** Und dabei sind sogar Scharniere kaputtgegangen. So seid ihr Schüler eben.

9 **Lehrer Hänsel:** Und habt ihr schon mal was von Energiesparen gehört? Das interessiert doch keinen Schüler, Vater Staat zahlt ja die Heizkosten – genauso wie Papa und Mama die Hefte und Bücher bezahlen, die ihr häufig verschmutzt und sogar in der Klasse herumwerft.

10 **Bürgermeister:** Einige der genannten Gesichtspunkte haben mich schon nachdenklich gemacht. Es ist aber allen bekannt, wie knapp das Geld geworden ist. Auch unsere Gemeinde muss drastisch sparen. Also erwarten die Bürger zurecht, dass überall, also auch in den Schulen gespart wird, um die Kosten klein zu halten.

11 **Lehrerin Rühmkorb:** Da bin ich allerdings anderer Meinung, Herr Bürgermeister. Natürlich muss gespart werden, aber doch nicht bei der Heizung in Schulen. Es gibt so viele Ausgaben – ich denke da zum Beispiel an die neu angeschafften Wandteppiche im Rathaus –, die nicht notwendig gewesen wären und erhebliche Kosten verursachten.

12 **Bürgermeister:** Das können Sie doch nicht miteinander vergleichen!

13 **Lehrer Hänsel:** Dazu möchte ich gern noch etwas sagen: Mir als Sozialwissenschaft-Lehrer liegt das Energiesparen besonders am Herzen. Daher kann ich den Herrn Bürgermeister gut verstehen. Besonders auch, wenn ich sehe, wie häufig in den Pausen im Winter manche Fenster sperrangelweit aufgelassen werden und Wärme verloren geht.

14 **Schülerin Anna:** Herr Hänsel, Ihren Beitrag finde ich nicht fair. Viele Schülerinnen und Schüler sind doch in unserer Umwelt-AG tätig, sie haben Umfragen gemacht und Ideen gesammelt, wo wir in unserer Schule zum Energiesparen beitragen können. In unserer Klasse zum Beispiel gibt es einen „Lichtdienst“, der dafür sorgt, dass das Licht ausgeschaltet wird, sobald es nicht mehr benötigt wird.

Diskussionsleiterin: Da keine weiteren Meldungen erfolgen, möchte ich die Diskussion beenden. Ich bitte die Diskussionsteilnehmer, noch einmal darüber nachzudenken, ob wir nicht eine gemeinsame Lösung finden können.

1 Schau dir den Beobachtungsbogen an und mache dir klar, worauf du bei der Untersuchung der Diskussion achten sollst.
Lies dann den Text noch einmal, mache dir Markierungen im Text und Notizen im Beobachtungsbogen.

Beobachtungsbogen

Überzeugende Beiträge	*Nr. , weil …* *Nr. , weil …*
Nicht überzeugende Beiträge	
Beiträge, die den anderen Standpunkt abwerten	
Beiträge, die ein Gegenargument widerlegen	
Beiträge, die an ein vorgetragenes Argument anknüpfen (Formulierung eintragen)	*Nr. 5: Ich möchte Pauls Argumente mit einem Beispiel verdeutlichen*

2 Der Bürgermeister ist nicht sicher, wie er entscheiden soll. Schreibe ihm im Namen der Klasse einen kurzen Brief, in dem du die drei wichtigsten Argumente für die Selbstregulierung aufführst und das Argument des Bürgermeisters (Sparen, sparen ...) zu entkräften versuchst.

Aus einer Geschichte entsteht ein Theaterstück

1 Lest den folgenden Text aufmerksam durch.
Sprecht anschließend über das Verhalten des Kulaken, über die Situation der Knechte und über die Idee des listigen Knechts.

Russisches Märchen

Der Kulak und der Knecht

Es war einmal ein geiziger, schlauer Kulak, der seine Knechte vom Morgen bis in die Nacht arbeiten ließ und ihnen dabei nur einmal am Tage zu essen gab.

Kulak: *russischer Großbauer vor der russischen Revolution von 1917*

Das ging so zu: Morgens gab der Kulak dem Knecht das Frühstück, setzte ihm aber nicht mehr vor, als auf einer Mückennase Platz hat. Das verzehrte der Knecht, ohne recht zu merken, ob er überhaupt etwas in den Magen kriegte.
„Vielleicht willst du gleichzeitig zu Mittag essen?“, fragte der Kulak daraufhin. „Dann brauchst du nichts aufs Feld mitzuschleppen.“
„Gut“, willigte der Knecht ein, „gib mir auch gleich das Mittagessen.“ Und hatte er das verzehrt, dann fragte der Kulak wieder: „Willst du vielleicht auch gleich zu Abend essen? Dann verlierst du nach Arbeitsschluss keine Zeit und kannst sofort zu Bett gehen.“
„Ja, gib mir auch das Abendessen“, sagte der hungrige Knecht, verzehrte es, arbeitete den ganzen Tag und ging dann hungrig zu Bett.

Viele Knechte arbeiteten bei dem geizigen Kulaken, aber länger als eine Woche hielt keiner dieses Leben aus.

Doch einmal fand sich einer, der den Kulaken überlistete. Er frühstückte, aß zu Mittag und zu Abend und fragte dann: „Und wo kann man bei Euch schlafen, Herr?“
„Wieso schlafen?“, fragte der Kulak erstaunt. „Und wer macht die Arbeit?“
„Bist du von Sinnen, Herr?“, versetzte der Knecht. „Wo hätte man je erlebt, dass anständige Leute nach dem Abendessen zur Arbeit gehen! Nein, nach dem Abendessen gehört man ins Bett.“ Und er streckte sich auf dem Sofa aus und schnarchte, was das Zeug hält.

2 Zur Vorbereitung des Theaterstücks, das aus der Geschichte entstehen soll, ist es hilfreich, dass ihr den Text mehrmals mit verteilten Rollen laut vorlest. Ihr braucht einen Erzähler, einen Kulaken, einen ersten Knecht und einen anderen, listigen Knecht.
Achtet besonders darauf, wie der Kulak spricht und wie sich der Sprechausdruck der beiden Knechte unterscheidet. Macht euch dazu Notizen.

Kulak: ______________________________

Knecht 1: ______________________________

Listiger Knecht: ______________________________

3 **Spielvorschlag:**

- **Szene 1:** Der Kulak geht auf und ab und spricht halblaut vor sich hin, wie er seine Knechte möglichst viel arbeiten und wenig essen lassen kann.
- **Szene 2:** Der Kulak und ein Knecht sitzen sich gegenüber. Drei winzige Mahlzeiten werden gegessen. Der Knecht geht danach an die Arbeit und spricht dabei halblaut vor sich hin, wie er sich fühlt und was er denkt.
- **Szene 3 und 4:** Um deutlich zu machen, dass der Kulak viele Knechte so behandelt, wird die Szene 2 noch zweimal ganz genau gleich gespielt, ehe Szene 5 folgt.
- **Szene 5:** Der Kulak und der listige Knecht sitzen sich gegenüber. Drei winzige Mahlzeiten werden gegessen. Danach legt sich der Knecht zum Schlafen hin.

Dies müsst ihr überlegen und ausgestalten:

a) Was könnte der Kulak in **Szene 1** vor sich hin sprechen? Sammelt zuerst mögliche Vorschläge und notiert dann, worauf ihr euch geeinigt habt.

____

____

____

____

____

b) Wie soll sich der Kulak in **Szene 1** bewegen? Wie könnte er seine halblaut gesprochenen Gedanken durch Gestik und Mimik verstärken?

____

____

____

c) Wie sollen Kulak und Knecht in den **Szenen 2 bis 4** ihre Gestik und Mimik gestalten?

d) Wie kann der listige Knecht in **Szene 5** seine Absicht, den geizigen Kulak hereinzulegen, durch Körperhaltung, Gestik und Mimik zum Ausdruck bringen?

e) Wie soll sich der Kulak am Ende der Geschichte verhalten? Ist er einsichtig oder wütend? Was könnte er sagen?

f) Welche Einrichtungsgegenstände (Requisiten) sollten auf der Bühne stehen?

g) Welche Kleidungsstücke sind geeignet, die Rollen der Darsteller kenntlich zu machen?

4 Der listige Knecht sitzt mit mehreren Freunden zusammen und erzählt ihnen, wie er den geizigen Kulaken hereingelegt hat. Überlegt, wie er sein Erlebnis erzählen könnte und was die Freunde während und nach der Erzählung sagen, fragen und ausrufen könnten. Spielt die Szene anschließend vor.

Eine Stellungnahme überarbeiten

Manchmal musst du zu einem Thema persönlich Stellung nehmen. Dabei sollst du deine Meinung durch Argumente stützen und die Argumente mit Beispielen verdeutlichen.
Wenn du dein Anliegen in einem Brief vorträgst, musst du darauf achten, dass du den Adressaten so ansprichst, dass du ihn für deinen Standpunkt gewinnen kannst.

Die Schultoiletten sehen in manchen Schulen schlimm aus. Der Vorschlag der Klasse 7b, dass dort immer eine Aufsicht sitzen soll, wurde auf einer SV-Sitzung besprochen. Es gab unterschiedliche Standpunkte dazu. Auch die Schulleiterin Frau Brandes wurde nach ihrer Meinung gefragt. Es wurde deutlich, dass sie einige Bedenken gegen die Idee hatte und sich nicht weiter dafür einsetzen wollte. Vor allem meinte sie, dass die Schule solch eine Aufsicht nicht bezahlen könne und dass man die Schüler dazu erziehen müsse, selbst für Sauberkeit und Ordnung zu sorgen.

Deshalb bekamen Marie und Pascal von der Klasse den Auftrag, einen Brief an die Schulleiterin zu schreiben. Ihr Klassenlehrer hat ihn gelesen und mit einigen Anmerkungen zurückgegeben:

Hallo Frau Brandes,
wir finden es doof, dass Sie sich nicht für eine Aufsicht auf den Schultoiletten einsetzen wollen. Schließlich ist diese coole Idee nicht neu und einige Schulen haben damit schon gute Erfahrungen gemacht. Wir haben mal im Internet gesucht und einige Schulen gefunden, die man nach ihren Erfahrungen fragen könnte. Außerdem muss die Schule ja gar nicht so viel Knete dafür bezahlen. Denn einen großen Teil der Kosten können die Schüler selbst bezahlen. Sie nehmen einfach immer „Toilettengeld" mit, wenn sie die Schultoilette benutzen. Das macht sie nicht arm und es käme sicher eine ganz schöne Summe zusammen. /
Die Schüler können die Räume nicht selbst sauber halten. Das zeigt die Erfahrung.
Marie und Pascal

/ Absatz, neue Zeile, neues Argument einleiten, mehr Beispiele zur Verdeutlichung

Die Schulleiterin weiß gleich am Anfang, worum es euch geht. Auch eure Argumente sind überzeugend. Das erste Argument ist gut eingebaut und die Sätze sind mit „außerdem" und „denn" gut eingeleitet. Solche Formulierungen fehlen am Ende. Beachtet meine Randbemerkung.
Außerdem: Vermeidet umgangssprachliche Ausdrücke und Wiederholungen. Ich habe sie im Text markiert.
Tipp: Ihr solltet auch überlegen, ob die Anrede so passend ist, und für den Brief einen abschließenden Satz und eine Grußformel ergänzen.

1 Markiere in Maries und Pascals Text die Stellen, die der Klassenlehrer für besonders gelungen hält.

2 Überarbeite den Text:
- Füge eine passende Überleitung ein.
- Ergänze Beispiele oder Beweise zur Verdeutlichung des letzten Arguments.
- Finde weitere Argumente. Leite sie ein und verdeutliche sie ebenfalls durch passende Beispiele.
- Ersetze unpassende Ausdrücke.

Tipp

Schreibe auf einem Zusatzblatt weiter, wenn der Platz nicht ausreicht.

3 Vielleicht hast du zu dem Thema eine andere Meinung als Marie und Pascal oder möchtest andere Argumente nutzen. Schreibe einen eigenen Brief und besprich ihn mit einem Partner.

Das kann ich schon …	☺	😐	☹
• Zu einem Schulproblem Stellung nehmen.			
• Den eigenen Standpunkt in einem Brief darlegen und mit Argumenten begründen.			
• Argumente mit Beispielen oder Beweisen verdeutlichen.			
• Meinungen, Argumente und Beispiele unterscheiden.			
• In einem Text Gedanken miteinander verknüpfen.			

→ Markiere die Aufgaben, die du noch einmal bearbeiten willst, um noch besser zu werden. Überlege, ob du dazu neue Texte brauchst. Lasse dich von deiner Lehrerin/deinem Lehrer beraten.

Über Ereignisse berichten

→ Mit dieser Selbsteinschätzung kannst du besser bestimmen, welche der folgenden Übungsseiten (S. 14–17) für dich zum Üben besonders wichtig sind.

Das kann ich schon …	☺	😐	☹
• Als Grundlage für den Bericht die wichtigen Informationen in Stichpunkten notieren.			
• Informationen aus Beobachtungen oder aus einem Text aufgreifen und dabei die W-Fragen beachten.			
• Nur die Informationen verwenden, die für den Zweck und den Adressaten des Berichts wichtig sind.			
• Sachlich berichten und Spannungsmacher vermeiden.			
• Für vergangene Ereignisse als Zeitform das Präteritum verwenden, für allgemeine Tatsachen und Feststellungen das Präsens.			

1 Diese beiden Zeitungsartikel hat Nino ausgeschnitten. Daraus möchte er einen kurzen, neuen Bericht für die Schülerzeitung machen. Lies die beiden Artikel.

Text A

Von Mitschülern verprügelt

Wochenlang wurde eine Schülerin der Schweitzerschule von einigen Mitschülerinnen immer wieder erpresst und verprügelt. Der Vorfall wurde nur bekannt, weil sich schließlich ein mutiger Klassenkamerad der Schulleiterin anvertraute. Fünf Schülerinnen aus der Klasse 9 hatten dem Opfer mehrfach nach Schulschluss aufgelauert und Geld oder „Geschenke" erpresst. Wenn sie nichts bekamen, schlugen und traten sie sofort ohne Gnade zu. Das Mädchen war so eingeschüchtert, dass es nicht wagte, irgendjemandem etwas davon zu erzählen.

Selbst ihre Eltern und Lehrer bemerkten die ganze Zeit nichts. Wenn sie sich an manchen Tagen nicht zur Schule traute, täuschte sie eine Krankheit vor. Es ging manchmal sogar so weit, dass die Schülerin aus Angst den Eltern kleinere Geldbeträge entwendete oder Ladendiebstähle beging.

Nachdem die Polizei eingeschaltet worden war, gestanden die Fünf ihre Taten. Sie wurden sofort vom Unterricht ausgeschlossen. Einige der erpressten Gegenstände konnten sichergestellt werden.

Text B

Gewalt an Schulen – Sehen alle weg?

Immer wieder liest und hört man in letzter Zeit von gewalttätigen Übergriffen an Schulen. Meistens sind es die eigenen Klassenkameraden oder ältere Schüler, die sich ein Opfer aus den eigenen Reihen suchen, oft ein unauffälliges, ruhiges Kind, das sich nicht wehren kann. Die Gewalt, die sie anwenden, hat viele Gesichter. Es beginnt schon damit, dass jemand in der Klasse ausgegrenzt, im Internet oder per Handy gemobbt wird oder dass er sich ständig beleidigende Bemerkungen anhören muss. An der Schweitzerschule wurde in einem Fall auch körperliche Gewalt angewendet, aus „Spaß", um eine Mitschülerin zu quälen und zu unterdrücken. Die Täter gingen dabei so geschickt vor, dass sie nicht leicht entdeckt werden konnten. Wer von den Mitschülern doch etwas mitbekam, sah weg oder traute sich aus Angst nicht, etwas zu sagen. „Wenn man ahnt, dass an der Schule so etwas läuft, muss man die Schüler ermutigen, darüber zu reden", sagt Frieda K., Schulleiterin der Schweitzerschule. „Man muss ihnen gleichzeitig aber auch die Sicherheit bieten können, dass sie vor weiteren Übergriffen geschützt werden." Gute Erfahrungen machte sie dabei mit der Zusammenarbeit mit Polizei und Jugendamt.

1. Schritt: *Den Text planen*

2 Mach dir klar, welche Informationen aus Text A und Text B für einen Schülerzeitungsartikel wichtig sein können.
In Text A sind schon einige Stellen unterstrichen. Unterstreiche weitere Stellen in beiden Texten. Die W-Fragen können dir dabei helfen:
- **Wann** und **wo** hat sich etwas ereignet?
- **Was** ist geschehen und **wer** war beteiligt?
- **Wie** hat es sich zugetragen?
- **Warum** ist es passiert?
- **Welche Folgen** gibt es?

3 Ein Stichwortzettel hilft, dass nichts Wichtiges vergessen wird. Ergänze den Stichwortzettel, den Nino aus beiden Texten als Grundlage für seinen Bericht begonnen hat. Achte dabei ebenfalls auf die W-Fragen.

Gewalt an Schulen

– Vorfall an der Schweitzerschule: Schülerin gemobbt, Mitschüler meldete es

– unterschiedliche Formen von Gewalt

– Täter aus derselben Schule

– Opfer schweigen aus Angst

Informationen aus Texten entnehmen und stichwortartig festhalten

2. Schritt: Den Text entwerfen

4 Hier folgen Anfang und Schluss von Ninos Bericht. Ergänze den Mittelteil. Nutze dazu deinen Stichwortzettel. Entscheide, welche Informationen du verwenden willst. Vergleicht anschließend eure Texte.

Wenn man wieder einmal von einer Prügelei oder Erpressung an einer Schule liest oder hört, gibt es immer dieselbe Diskussion: Wie ist so etwas möglich? Das muss man doch merken! Dagegen muss was getan werden!

Vor Kurzem wurde an der Schweitzerschule ein Mädchen wochenlang erpresst und geschlagen ______________________________

____

____

____

____

____

____

____

____

Tipp
Schreibe auf einem Zusatzblatt weiter, wenn der Platz nicht ausreicht.

Lehrer und Schulleitung müssen den Zeugen und Opfern Sicherheit geben, dass ihnen nicht noch mehr passieren kann. Vielleicht finden dann mehr Schülerinnen und Schüler den Mut, gemeinsam etwas gegen Gewalt an der Schule zu unternehmen

5 Nino verwendet in seinen Textteilen als Zeitform das Präteritum, wenn er über ein vergangenes Ereignis berichtet, und das Präsens bei allgemeinen Tatsachen oder Feststellungen.
- Unterstreiche beide Zeitformen in seinem Text unterschiedlich.
- Unterstreiche ebenso die Zeitformen in den beiden Zeitungsartikeln und in deinem eigenen Text. Überprüfe dabei auch, ob du die Zeitformen richtig gebraucht hast.

3. Schritt: Den Text überarbeiten

6 Auf der nächsten Seite steht der Mittelteil von Ninos Zeitungsbericht. Lies seinen Textentwurf und überprüfe:
- Ist sein Text vollständig? Wenn du meinst, dass Nino wichtige Informationen aus den Zeitungsartikeln ausgelassen hat, dann markiere dort die entsprechenden Stellen farbig.

– Enthält sein Text überflüssige oder zu ausführliche Informationen, die für eine Schülerzeitung weniger wichtig sind? Dann streiche sie.
– Schreibt er sachlich oder benutzt er unpassende Spannungsmacher? Dann markiere sie.

Sie erpressten das Mädchen immer. Dann auf einmal schlugen sie plötzlich zu. Die Täter wählten sich eine unauffällige Mitschülerin aus, die sich nicht gut wehren konnte. Um nicht zur Schule zu müssen, täuschte sie manchmal Krankheiten vor. Mal sagte sie, dass sie Bauchschmerzen hätte, mal Kopfschmerzen oder sie hielt das Fieberthermometer in heißes Wasser, um Fieber vorzutäuschen. Sie erzählte aber vor lauter Angst niemandem etwas. Plötzlich kam die Lösung und ein Mitschüler erzählte alles der Schulleiterin. Die schaltete die Polizei ein. Die Schulleiterin der Schweitzerschule ist der Meinung, dass man die Schüler ermutigen muss, darüber zu reden, wenn man glaubt, dass an der Schule so etwas läuft.

7 Wähle eine Schlagzeile aus und schreibe sie über Ninos Bericht. Du kannst dir natürlich auch selbst eine Schlagzeile ausdenken.
– Machtlos gegen Schläger und Erpresser?
– Zeugen schützen – Täter fassen
– Gewaltopfer reden nicht
– Mut gegen Gewalt

8 Schreibe nun Ninos Mittelteil mithilfe der Vorarbeiten von Aufgabe 6 überarbeitet auf.

9 Schreibe mithilfe der Informationen von Text A und Text B einen ganz neuen Schülerzeitungsartikel. Greife dabei besonders solche Informationen auf, die Lehrer und Schüler betroffen machen.
Am Ende deines Textes kannst du die Leser anregen, über das Thema nachzudenken und dazu eigene Stellungnahmen in Leserbriefen abzugeben.

Aus verschiedenen Perspektiven erzählen

1 Der folgende Text ist der Anfang des Buchs „Bradley – letzte Reihe, letzter Platz“ von Louis Sachar. Lies den Text aufmerksam durch.

Louis Sachar

Bradley – letzte Reihe, letzter Platz

Bradley Chalkers saß ganz hinten im Klassenzimmer – letzte Reihe, letzter Platz. Keiner saß am Pult neben ihm und keiner vor ihm. Er war eine Insel.

Wenn es nach ihm gegangen wäre, hätte er im Schrank gesessen. Dann hätte er die Tür schließen können und nicht mehr Mrs Ebbel zuhören müssen. Bestimmt hätte sie nichts dagegen gehabt. Vermutlich wäre es ihr sogar recht gewesen. Und dem Rest der Klasse sowieso. Letzten Endes wäre es allen besser gegangen, wenn er im Schrank gesessen hätte, aber leider passte sein Pult da nicht rein.

„Hört zu, Kinder“, sagte Mrs Ebbel, „ich möchte euch heute Jeff Fishkin vorstellen. Jeff ist erst vor Kurzem hierher gezogen. Er kommt aus Washington, D.C., und das ist unsere Hauptstadt, wie ihr wisst.“

Bradley hob den Kopf und musterte den Neuen, der vorne neben Mrs Ebbel stand.

„Wie wär‘s, wenn du der Klasse ein wenig von dir erzählst, Jeff“, ermunterte ihn Mrs Ebbel.

Der Neue zuckte die Achseln.

„Weshalb so schüchtern?“, sagte Mrs Ebbel.

Der Neue murmelte etwas, aber Bradley verstand es nicht.

„Warst du schon mal im Weißen Haus, Jeff?“, fragte Mrs Ebbel. „Die Klasse würde sicher gerne ein wenig darüber hören.“

„Nein, da war ich noch nie“, sagte der Neue hastig und schüttelte den Kopf.

Mrs Ebbel lächelte. „Na schön, dann suchen wir jetzt am besten einen Platz für dich.“ Sie ließ den Blick durchs Klassenzimmer schweifen. „Hm, im Moment ist wohl kein Platz frei, außer dort ganz hinten. Da könntest du sitzen.“

„Nein, nicht neben Bradley!“, rief ein Mädchen in der ersten Reihe.

„Immer noch besser als vor Bradley“, sagte der Junge neben ihr.

Mrs Ebbel runzelte die Stirn. Sie wandte sich Jeff zu. „Tut mir leid, aber einen anderen freien Platz haben wir nicht.“

„Mir egal, wo ich sitze“, murmelte Jeff.

„Nun ja, dort ... mag keiner sitzen“, sagte Mrs Ebbel.

„Das stimmt“, meldete sich Bradley. „Keiner will neben mir sitzen!“ Er lächelte sein merkwürdiges Lächeln. Er zog den Mund dermaßen in die Breite, dass man kaum wusste, ob es ein Lächeln war oder eine Grimasse.

Verlegen setzte sich Jeff neben Bradley, der ihn mit Glubschaugen anstarrte. Jeff antwortete mit einem Lächeln und Bradley wandte sich ab.

2 Überprüfe, ob du den Text verstanden hast. Bringe die Sätze des Erzählplans in die richtige Reihenfolge (1–10).

- ☐ Die Lehrerin sucht im Klassenraum einen Platz für Jeff.
- ☐ Der Neue zuckt die Achseln, als er etwas von sich erzählen soll.
- ☐ Die Lehrerin fragt, ob Jeff schon mal im Weißen Haus war.
- ☐ Bradley lächelt sein merkwürdiges Lächeln.
- ☐ Die Lehrerin, Mrs Ebbel, stellt Jeff als neuen Schüler vor.
- ☐ Der Neue schüttelt Kopf.
- ☐ Bradley sitzt ganz hinten im Klassenzimmer, auf dem letzten Platz.
- ☐ Jeff setzt sich verlegen neben Bradley.
- ☐ Die Lehrerin sagt, dass der neue Schüler aus Washington, D.C., kommt.
- ☐ Jeff soll ganz hinten neben Bradley sitzen.

3 Der Text ist aus der Perspektive eines Er-Erzählers geschrieben. Man kann aber an verschiedenen Stellen deutlich spüren, was Bradley in dieser Situation denkt. Versetze dich in die Buchfigur **Bradley** hinein und versuche, die Situation aus seiner Perspektive zu betrachten. Schreibe auf, welche Gedanken ihm durch den Kopf gehen.

→ *Hilfreiche Hinweise findest du auch im Schülerband auf Seite 124–127.*

Ich sitze hier in der letzten Reihe. Keiner sitzt neben mir und keiner vor mir. Ich

Tipp

Wenn du die Geschichte aus Bradleys Perspektive neu erzählen willst, musst du Folgendes beachten:
– Bradley erzählt seine Gedanken in der Ich-Form.
– Am Anfang kannst du dich bei Bradleys Gedanken eng am Text orientieren. Später musst du vieles weglassen und manches hinzufügen.

So geht die Geschichte weiter:

Mrs Ebbel gab ihnen eine Englischarbeit zurück. „Die meisten von euch haben sehr gut abgeschnitten", sagte sie. „Was mich sehr gefreut hat. Wir haben vierzehn Einsen, der Rest sind Zweien. Natürlich gibt es auch eine Sechs, aber ..." Sie zuckte die Achseln.
Bradley hielt seine Arbeit hoch, damit alle sie sehen konnten, und lächelte wieder dieses schiefe Lächeln.
Während Mrs Ebbel mit der Klasse die richtigen Antworten durchging, holte Bradley seine Schere heraus und zerschnippelte das Aufgabenblatt sorgfältig in winzige Quadrate.
Als es zur Pause läutete, zog er seine rote Jacke an und ging, für sich alleine, nach draußen.
„Hey, Bradley, wart doch mal!", rief jemand von hinten. Verdutzt drehte er sich um.
Jeff, der Neue, schloss hastig zu ihm auf. „Hi", sagte Jeff. Bradley starrte ihn verblüfft an.
Jeff lächelte. „Ich hab nichts dagegen, neben dir zu sitzen", sagte er. „Echt."
Bradley wusste nichts zu sagen.
„Ich war schon mal im Weißen Haus", gab Jeff zu. „Wenn du willst, erzähl ich dir davon."
Bradley dachte kurz nach und sagte: „Gib mir 'nen Dollar oder ich spuck dich an."

4 Jeff macht sich sicher viele Gedanken über seine Erlebnisse am ersten Tag in der neuen Schule, vor allem wohl über seinen Mitschüler Bradley.
Stell dir jetzt vor, du bist **Jeff**, und schreibe auf einem Zusatzblatt auf, welche Gedanken ihm durch den Kopf gehen könnten. So kannst du beginnen:

Warum sagt sie „Natürlich auch eine Sechs"? Was soll das denn heißen?
Komisch, dass der auch noch lächelt ...

5 Stell dir vor, dass Bradley und Jeff sich nach der Schule auf dem gemeinsamen Weg nach Hause treffen. Wie könnte diese Begegnung verlaufen? Welches Gespräch könnte sich ergeben? Schreibe die Geschichte entsprechend weiter. Vergleicht anschließend eure Entwürfe.

→ Markiere die Aufgaben, die du noch einmal bearbeiten willst, um noch besser zu werden. Überlege, ob du dazu neue Texte brauchst. Lasse dich von deiner Lehrerin/deinem Lehrer beraten.

Das kann ich schon ...	☺	😐	☹
• Sätze eines Erzählplans in die richtige Reihenfolge bringen.			
• Den Inhalt eines Textes aus einer neuen Perspektive erzählen.			
• Mich in eine Textfigur hineinversetzen.			
• Gedanken einer Textfigur in einem inneren Monolog wiedergeben.			

Den Inhalt von Texten und Büchern wiedergeben

Der folgende Text ist ein Auszug aus dem Buch „Sonst kommst du dran!" von Maja Gerber-Hess. Der 14-jährige Wolfgang wird von Ede und seiner Gang unter Druck gesetzt. Er soll aktives Mitglied der Gang werden und als Mutprobe endlich selbst ein Ding drehen. Eine Blinddarmoperation nimmt er als willkommenen Anlass, durch einen Krankenhausaufenthalt die fällige Entscheidung hinauszuzögern. Danach aber wird er erneut unter Druck gesetzt.

Dass zwei Schulstunden ausfallen würden, konnte ich nicht ahnen. Ich wollte einfach mal aus der Wohnung heraus, sie kam mir vor wie ein Gefängnis. Selbst der Balkon – sieben Schritte hin, sieben Schritte zurück – ein Raubtierkäfig. Und ich tigerte tatsächlich nervös hin und her wie ein gefangenes Tier. Also, nichts wie raus!

Draußen unvergleichlich sonnige Frühherbsttage! So warm sei es seit vielen Jahren Anfang Oktober nicht gewesen, hieß es in den Nachrichten.

Von Lebensfreude durchströmt, schaute ich vom Balkon in das Grün hinunter, betrachtete die sich verfärbenden Laubbäume, die in der herbstlichen Sonne vor sich hin zu rosten schienen, und zog die leicht faulige Luft in die Lungen. Ich freute mich an diesem *Jetzt!*

Obwohl ich Mama versprochen hatte, in der Wohnung zu bleiben und mich auszuruhen – seit der Operation wird mir ab und zu schwindelig –, stand ich bald unten auf der Straße.

Wie ein Pferd, das sich hat losreißen können, trabte ich dahin. Dass ich es geschafft hatte, bis zu den Schulferien krankgeschrieben zu werden, erfüllte mich mit größter Befriedigung.

Wann hatte ich mich das letzte Mal so frei und sicher gefühlt, wann dieses Kribbeln im Bauch gespürt, eine solche Vorfreude auf bestimmte Mathestunden?

Julia und ich hatten vereinbart, während der Ferien jeden zweiten Tag miteinander Mathe zu lernen – wo, wissen wir noch nicht. Mir wäre unsere Wohnung lieber, sie steht tagsüber leer, während Julia eine kleine Schwester hat und eine Mutter, die nicht zur Arbeit geht – das gibt es also nicht nur in der Werbung!

In freudige Gedanken versunken, hatte ich den Weg zum Park eingeschlagen – da kamen *sie* auf mich zu, zu viert oder zu fünft, ich habe sie nicht gezählt. So muss es Menschen zumute sein, die eine Springflut wie eine schwarze, todbringende Wand auf sich zustürzen sehen.

Unwillkürlich ging ich langsamer und senkte den Kopf. Ihnen trotzig entgegenzusehen schaffte ich nicht. Sie umringten mich, ein Zaun ohne Lücken, alle größer als ich.

„Wen haben wir denn da?", höhnte Hannes. „Das ist doch unser Wolfilein! Hieß es nicht, er liegt mit aufgeschlitztem Bauch zu Hause im Bettchen?"

Ich konnte förmlich spüren, wie ich schrumpfte, erbleichte, abschlaffte wie ein welkes Blatt. Irgendwann stieß ich heraus, weshalb sie denn um diese Zeit nicht in der Schule seien. Ihr Gelächter hämmerte in meinen Ohren.

„Er hat gedacht, wir seien in der Schule, deshalb hat er sich aus der Wohnung getraut", grinste Mirco, und jeder setzte noch einen Spruch drauf. Jeder – außer Ede. Der warf seine Haarflut in den Nacken und schaute mich von oben herab stumm an. Dann ließ er plötzlich den Arm auf meine Schulter fallen, hart wie eine Axt, ein

muskulöser Arm mit einem kleinen Tattoo in der Ellbogenbeuge, einem Totenkopf, Kennzeichen der Gangmitglieder. Wie eine Kasperlefigur zog er mich mit und bahnte sich einen Weg durch die Kumpels. Etwas abseits von den anderen beugte er sich zu nur herunter und fragte betont ruhig: „Wann machst du's? Du scheinst ja wieder gesund zu sein."
Mit dem Mut eines Totgeweihten keuchte ich: „Ich tu's *nicht*, es ist mir zu heiß!"
Hatte Ede bis dahin vielleicht noch nie jemand widersprochen? Mir schien fast, als sehe er mich verwundert an. Doch bevor ich innerlich triumphieren konnte, ließ mich ein brennender Schmerz im Bauch zusammenzucken. Unerwartet, ohne sonderlich viel Kraftaufwand, hatte Ede seine Faust hineingerammt. Ich hörte mich aufschreien, kippte gegen eine Litfaßsäule, und als ich die Augen wieder aufbekam, fiel mein Blick als erstes auf die Anzeige für eine Theateraufführung: „Der Idiot" nach Dostojewski. Welch passender Titel für meine gegenwärtige Lage!
Die Gang war verschwunden. Schweißüberströmt lehnte ich mich an die Säule, wusste nicht, was mehr schmerzte, mein Bauch oder mein getretenes Selbstwertgefühl. Ich schämte mich entsetzlich. Was war ich für ein läppisches Nichts! Wozu wurden solche Dummköpfe wie ich überhaupt geboren? Eine Frau warf mir im Vorbeigehen einen besorgten Blick zu, verlangsamte den Schritt und kam auf mich zu.
„Ist dir nicht gut?", fragte sie. „Du bist ja ganz blass!"
Zu mir sagen noch alle du.
„Schon okay", murmelte ich. „Ich wohne gleich da vorn um die Ecke, mir ist nur ein bisschen übel."

1 Überprüfe nach dem Lesen dein Textverständnis: Welche der folgenden Aussagen sind richtig? Kreuze an.

- ☐ Obwohl er eigentlich zu Hause bleiben und sich ausruhen muss, geht Wolfgang auf die Straße.
- ☐ Auf dem Weg zur Turnhalle kommen die Mitglieder der Gang auf Wolfgang zu.
- ☐ Der Anführer der Gang heißt Mirco.
- ☐ Wolfgang ruft keuchend, dass er das, was die Gang von ihm verlangt, nicht tun will.
- ☐ Als Antwort rammt Ede ihm seine Faust in den Bauch.
- ☐ Wolfgang ist in seinem Selbstwertgefühl verletzt.

→ *Hilfreiche Hinweise findest du im Schülerband auf Seite 147.*

2 Gib nun den Inhalt des Textes wieder.
– Beginne deine Inhaltswiedergabe mit Informationen über die Autorin, den Buchtitel und die Art des Textes.

____

____

– Fasse kurz zusammen, welche Hauptfiguren in dem Text vorkommen und worum es in dem Text vor allem geht.

– Gib nun mit eigenen Worten wieder, wie das Geschehen im Text abläuft.

– So kannst du deine Inhaltswiedergabe beenden:

Den Inhalt des Buchauszugs fasse ich mit der folgenden Überschrift zusammen:

3 Lies den Text „Dorita“ im Schülerband auf Seite 121–122 und schreibe zu dem Text, der ebenfalls ein Buchauszug ist, eine Inhaltswiedergabe.

Das kann ich schon …	☺	😐	☹
• Mein Textverständnis mithilfe von Richtig-Falsch-Aussagen überprüfen.			
• Eine Inhaltswiedergabe angemessen beginnen und beenden.			
• Wichtige Informationen zu den Textfiguren kurz zusammenfassen.			
• Den Ablauf des Geschehens im Text mit eigenen Worten wiedergeben.			

→ *Markiere die Aufgaben, die du noch einmal bearbeiten willst, um noch besser zu werden. Überlege, ob du dazu neue Texte brauchst. Lasse dich von deiner Lehrerin/deinem Lehrer beraten.*

Sachtexte verstehen

Sachtexte enthalten nicht nur interessante und nützliche Informationen, die du weiter nutzen kannst. Viele Sachtexte enthalten auch Meinungen und Wertungen der Autorin oder des Autors. Hier kannst du noch einmal üben, Sachtexte zu bearbeiten und Informationen und Meinungen auseinanderzuhalten.

1 Lies den folgenden Text einmal durch und gliedere ihn in Abschnitte. Gib jedem Abschnitt eine Überschrift.

Armer Eisbär!

Hilfe, die Eisbären sterben aus! Noch gibt es weltweit 20.000 bis 25.000 der weißen Pelztiere. Doch schon im Jahre 2050 werden es zwei Drittel weniger sein. Schuld daran ist vor allem der Klimawandel.

Zu diesem Ergebnis ist jetzt eine amerikanische Studie gekommen. Durch die Erderwärmung gibt es immer weniger Packeis, das macht den Eisbären große Probleme. Sie brauchen das Eis in der Arktis, um darauf Robben zu jagen. Robben sind nämlich ihre Lieblingsnahrung. Im Wasser oder an Land erwischen sie die wendigen Schwimmer aber eher selten. Bis Mitte des Jahrhunderts wird es mindestens 42 Prozent weniger arktischen Lebensraum für die Eisbären geben. Das ist fast nur noch die Hälfte! Im Sommer brauchen sie diesen Lebensraum, um zu jagen und sich fortzupflanzen. Die meisten Eisbären leben in Norwegen und Grönland. Ein Viertel des Eisbärbestandes ist in Alaska anzutreffen. Von dort aber wandern immer mehr Tiere nach Kanada und Russland. Bald werden in Alaska gar keine Eisbären mehr leben! Man geht davon aus, dass der Rückgang des arktischen Eises immer noch unterschätzt wird. Deswegen könnten die Eisbären noch schneller aussterben als momentan angenommen. Die Wissenschaftler, die die Studie durchgeführt haben, befürchten, dass es unmöglich ist, den Klimawandel noch schnell genug aufzuhalten, um die Eisbären zu retten. Bald wird man die kuscheligen Gefährten wohl nur noch im Zoo antreffen können.

2 Welches Hauptproblem haben die Eisbären? Unterstreiche die Zeilen im Text, in denen der Autor eine Erklärung dafür gibt. Schreibe dann den folgenden Satz zu Ende:

Eisbären fressen am liebsten ______________________ *, die sie im Packeis*

jagen. Das Problem besteht nun darin, dass ______________________

______________________.

______________________.

3 Wie sieht die Zukunft der Eisbären aus? Unterstreiche die Zeilen im Text, in denen der Autor seine Meinung ausdrückt. Schreibe dann die Sätze zu Ende.

Der Autor denkt, dass bis Mitte des Jahrhunderts ____________________

____________________.

Das ist schlimm für die Eisbären, weil ____________________

____________________.

4 Welche Befürchtungen haben die Wissenschaftler?

Die Wissenschaftler befürchten, dass ____________________

____________________.

Sie denken, dass ____________________.

5 Der Autor will die Leser nicht nur über die Situation der Eisbären informieren, sondern auch Anteilnahme erwecken. Woran kannst du das erkennen?

____

____

____

____

____

____________________.

6 Gib dem Text eine zusammenfassende, neue Überschrift.

____

7 Schreibe zu der Karikatur einen kleinen Text mit der Überschrift „Armer Eisbär". Arbeite auf einem Zusatzblatt.

1. Beschreibe das Bild:
Auf dem Bild sieht man einen Eisbären, der ...
In der Gedankenblase ...
2. Auf welches Thema macht die Karikatur aufmerksam?
Es geht um das Thema ...
3. Warum muss der Eisbär „sich umstellen"?
4. Was soll mit der Karikatur erreicht werden?
Die Karikatur will ...

Ein Schaubild auswerten

1. Schritt:
Sich einen Überblick verschaffen

1 Lies die Überschrift und den fett gedruckten Text: Was ist das Thema des Schaubildes? Ergänze auf einem Zusatzblatt:
In diesem Schaubild geht es um …

2 Welche Teile enthält das Schaubild? Ergänze auf dem Zusatzblatt:
Das Schaubild enthält: eine Weltkarte, …

3 Was bedeuten die Farben, Symbole und Fotos? Ergänze:
Die Farben zeigen/geben an …
Die Symbole weisen auf mögliche Gefahren und Folgen hin: …
Die Fotos zeigen …

2. Schritt:
Informationen aus dem Schaubild entnehmen

4 Übernimm die Tabelle und fasse die Informationen zusammen:

Kontinent	mögliche Folgen/Gefahren	Beispiel/Foto
Nordamerika	*Waldbrände*	*Brandbekämpfung in Kalifornien*

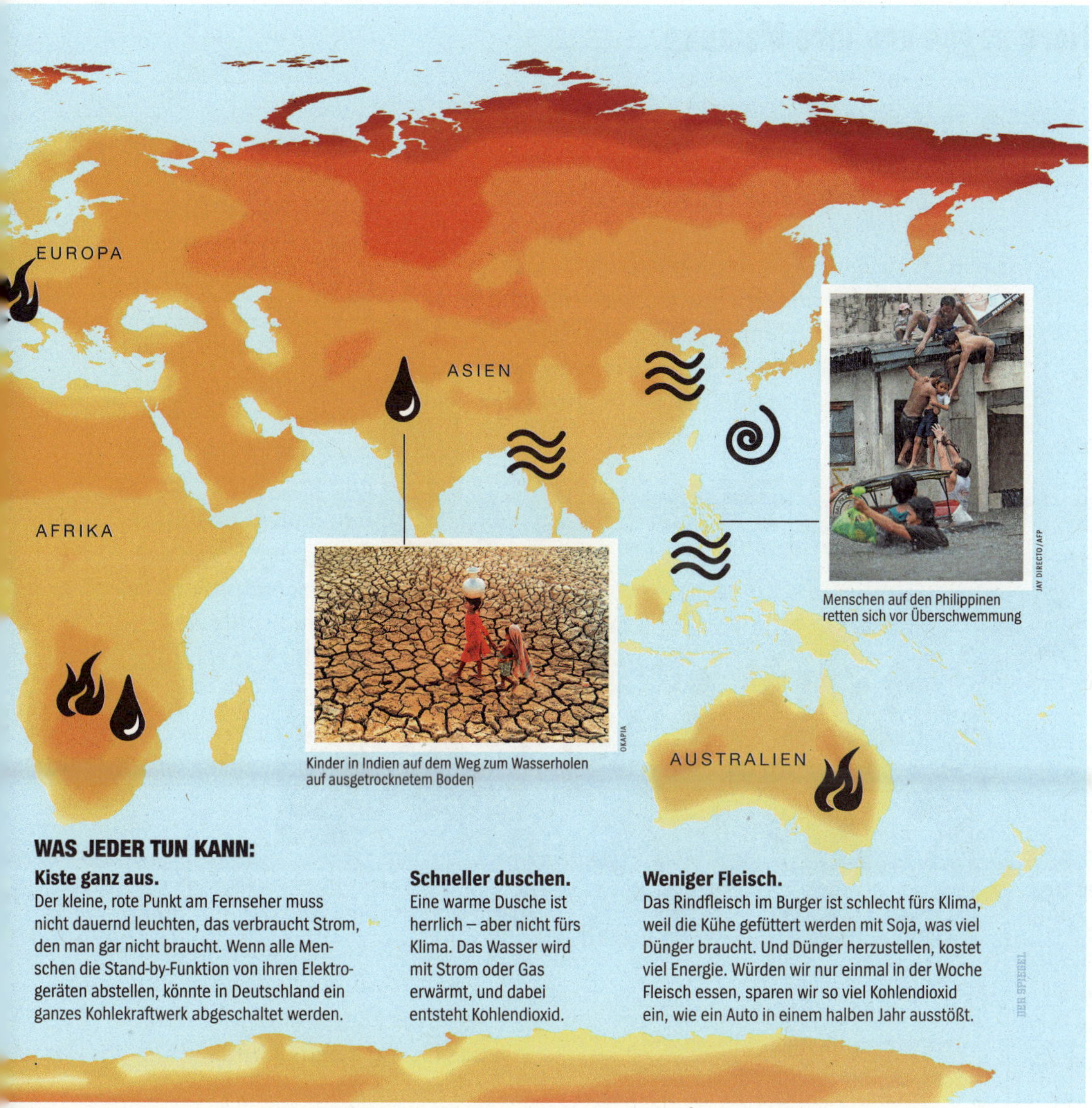

Menschen auf den Philippinen retten sich vor Überschwemmung

Kinder in Indien auf dem Weg zum Wasserholen auf ausgetrocknetem Boden

3. Schritt:
Das Schaubild auswerten

5 Was soll mit dem Schaubild erreicht werden? Kreuze an.
Der Autor will
- ☐ über das jetzige Wetter informieren.
- ☐ auf mögliche Folgen des Klimawandels aufmerksam machen.
- ☐ zeigen, wie sich das Wetter mit Sicherheit verändern wird.
- ☐ darüber informieren, wo es zu Überschwemmungen gekommen ist.

6 Welche Informationen findest du besonders wichtig oder interessant? Begründe deine Auswahl auf dem Zusatzblatt.

7 Schreibe zu diesem Schaubild einen Text auf das Zusatzblatt. Nutze dazu deine Antworten aus den Aufgaben 1–6.

4. Schritt:
Das Schaubild zur Weiterarbeit nutzen

8 Was können wir selbst gegen die Klimaerwärmung tun? Nutze Informationen aus dem Schaubild und recherchiere in Sachbüchern oder im Internet.

9 Schreibe einen Aufruf: Was jeder gegen den Klimawandel tun kann! Nutze dazu die Informationen aus dem Schaubild und aus deiner Recherche.

Tiere sagen uns ihre Meinung

1. GENERVT
Klar, wir Pinguine sehen niedlich aus. Aber müssen die Menschen deshalb ganze Bootsladungen mit Touristen bei uns absetzen? Mit Kreuzfahrtschiffen und sogar mit lärmenden Hubschraubern kommen sie uns nahe – das stört. Ihr wollt ja auch keine Fremden, die euch in eurem Zuhause begaffen.

2. DER LANGE MARSCH
Wir können weder fliegen, noch sind wir gut zu Fuß, aber dafür sind Pinguine ausdauernd! Wenn es kälter wird, marschieren wir gemeinsam bis zu 200 Kilometer landeinwärts. Erst dort paaren wir uns und brüten. Viel Aufwand, aber unsere Küken brauchen nun mal festes Eis unter ihren Füßen. Die Küste ist während der Eisschmelze viel zu gefährlich für sie: Im kalten Wasser würden sie rasch erfrieren.

3. VORSICHTIG!
Unsere Weibchen legen jeweils ein einziges Ei und geben es sofort an ihren Partner weiter. Der legt es sich auf die Füße und wärmt es mit dem Bauch. Wochenlang muss der Pinguin-Vater nun still vor sich hin brüten. Bloß keine hastige Bewegung! Wenn das Ei auch nur für wenige Sekunden aufs kalte Eis kullert, ist es verloren.

4. GERECHT AUFGETEILT
Wir Pinguine sind die besten Tiereltern der Welt. Wenn das Junge geschlüpft ist, wechseln sich die Eltern mit der Arbeit ab: Einer bewacht und füttert, der andere macht einen Ausflug zur Küste und schlägt sich den Bauch voll. Wir Pinguine können unsere Verdauung anhalten, sodass der Bauch zum Vorratsschrank wird. Nach der Rückkehr in die Kolonie würgen wir dann für das hungrige Küken jeden Tag halbverdaute Nahrung aus. Klingt vielleicht nicht so appetitlich, aber den Kleinen schmeckt es.

5. WAHRE TIEFFLIEGER
Wer uns beim Tauchen erlebt hat, wird Pinguine nie mehr plump nennen. Wir fliegen durchs Wasser, so elegant wie andere Vögel durch die Luft. Statt hoch hinaus geht es tief hinab: bis zu 500 Meter und mehr! Nur vor Raubwalen und Seeleoparden müssen wir auf der Hut sein.

6. WAS UNS ANGST MACHT
Die Menschen müssen aufhören, das Erdklima aufzuheizen! Was wird aus uns, wenn die Welt sich noch stärker erwärmt? Schmilzt das Eis auf dem Polarmeer? Verschwinden dann auch die riesigen Schwärme von Fischen, Krebsen und Tintenfischen, von denen wir uns ernähren? Für uns Pinguine wäre es der Untergang.

1 Bildet sechs Gruppen. Jede Gruppe bearbeitet eine Sprechblase und formuliert drei Fragen. Tauscht die Fragen aus und beantwortet sie gegenseitig.

2 Sammelt die wichtigsten Informationen über Pinguine in einer Mindmap (Zusatzblatt).

→ *Informationen in einer Mindmap zusammentragen, ordnen und übersichtlich darstellen: Schülerband, S. 271–273*

3 Erklärt euch gegenseitig die unterstrichenen Wörter in den Texten. Ihr könnt auch ein Wörterbuch benutzen.

4 Die Texte enthalten nicht nur Informationen über Pinguine, sondern auch Wertungen. Markiere die Wörter und Sätze, in denen sich die Pinguine positiv darstellen.

→ *Bewertungen und Meinungen des Autors erkennen: Schülerband, S. 42–46*

5 Die Pinguine äußern ihre Meinung über die Menschen.
– In welchen Texten tun sie das?
– Was stört die Pinguine an den Menschen und was fordern sie?
Ergänze den Stichwortzettel:

Kritik an den Menschen	Forderungen an die Menschen
Bootsladung mit Touristen	*Hört auf …*

6 Warum hat der Autor den Text wohl aus der Sicht der Pinguine verfasst?

7 Schreibe einen Bericht „Die Pinguine brauchen unsere Hilfe" auf ein Zusatzblatt.

Das kann ich schon …	☺	😐	☹
• Texten und Abschnitten eine Überschrift geben.			
• Selbstständig W-Fragen an einen Text stellen und beantworten.			
• Fragen zu einem Text beantworten.			
• Wörter und Formulierungen aus dem Textzusammenhang erklären.			
• Informationen aus einem Text entnehmenn.			
• Informationen in einer Mindmap ordnen.			
• Informationen aus einem Text zum Schreiben nutzen.			
• Ansichten und Autormeinungen im Text erkennen.			
• Begründungen, Beispiele und Folgen in einem Text herausarbeiten.			
• Eine eigene, begründete Stellungnahme zum Text formulieren.			
• Ein Schaubild versprachlichen.			
• Ein Schaubild für die Weiterarbeit nutzen.			

→ *Markiere die Aufgaben, die du noch einmal bearbeiten willst, um noch besser zu werden. Überlege, ob du dazu neue Texte brauchst. Lasse dich von deiner Lehrerin/deinem Lehrer beraten.*

Eine Geschichte untersuchen

Das kann ich schon ...	☺	😐	☹
• Eine Geschichte genau lesen und wiedergeben, was passiert.			
• Wörter und Ausdrücke im Zusammenhang klären.			
• Aussagen erklären und mit Beispielen belegen.			
• Mithilfe von Fragen auf Auffälliges zwischen Inhalt, Sprache und Form einer Geschichte stoßen.			
• Eine Geschichte weiterschreiben oder dazu eine ähnliche Geschichte schreiben.			

→ *Mit dieser Selbsteinschätzung kannst du jetzt besser bestimmen, welche der folgenden Übungsseiten (S. 30/31) für dich zum Üben besonders wichtig sind.*

1 Lies die folgende Geschichte. Notiere, was dir auffällt. Besprich, was dir aufgefallen ist, mit anderen in der Klasse.

Franz Hohler

Ein erschreckender Anblick

Als Herr Direktor J., bevor er von zu Hause wegging, noch rasch in den Spiegel seines Korridors schaute, erschrak er.

Sein Anzug war zwar in Ordnung, auch die Krawatte saß, aber dort, wo sonst sein Gesicht war, sah er einen Wasserhahn.

Das muss eine Täuschung sein, dachte Herr J. und wollte sich ins rechte Ohr kneifen, aber stattdessen drehte er das heiße Wasser auf, das sich nun in einem vollen Strahl auf sein Hemd ergoss.

Mit einem Aufschrei schloss er den Hahn wieder und in dem Moment sah er, dass er sich wirklich getäuscht hatte – im Spiegel war sein normales Gesicht, und auch als er es mit den Händen abtastete, änderte sich nichts mehr, von einem Wasserhahn konnte keine Rede sein.

Beruhigt wandte sich Herr Direktor J. der Türe zu, da merkte er, dass er so nicht gehen konnte. Sein Anzug war durch und durch nass und unter dem Hemd spürte er einen brennenden Schmerz, der langsam stärker wurde.

*1. **Schritt:** Das eigene Textverständnis prüfen*

2 Welche der folgenden Sätze passen zum Inhalt der Geschichte? Kreuze an. Vergleiche dein Ergebnis mit anderen in der Klasse.

☐ Als Direktor J. beim Weggehen in den Spiegel schaute, war er beruhigt.
☐ Er drehte das heiße Wasser aus Versehen auf.
☐ Der Wasserhahn schloss sich von selbst.
☐ Als der Wasserhahn geschlossen war, sah er wieder sein normales Gesicht.
☐ Er hat sich mit dem heißen Wasser verbrannt.

***2. Schritt:** Spuren suchen, über Auffälligkeiten und Einzelheiten nachdenken und sich mit anderen über das Herausgefundene verständigen*

→ *Fishbowl-Gespräch: Schülerband, S. 66*

3 Beim Fishbowl-Gespräch haben sich Philis und Jost über die Geschichte unterhalten. Lies das Gespräch. Finde die Stellen in der Geschichte, die die Aussagen der beiden begründen. Unterstreiche die Stellen unterschiedlich: was zu Philis passt, rot, und was zu Jost passt, grün.

Philis: Schon in der Überschrift und im ersten Satz merkt man, dass das keine gewöhnliche Geschichte wird.
Jost: Aber eigentlich fängt doch alles ganz normal an, wie es in Wirklichkeit auch ablaufen könnte.
Philis: Das stimmt schon, aber was dann passiert, könnte es so in Wirklichkeit überhaupt nicht geben. Es ist, als ob man auf einmal in eine ganz andere Welt umgeschaltet hätte, in so eine Fantasiewelt. So was geht doch gar nicht in echt.
Jost: Und dann wird mitten im Satz wieder umgeschaltet.

Philis: ____

____

4 Philis sagt noch etwas nach Josts letzter Bemerkung. Lies noch einmal den Schluss der Geschichte und schreibe auf, was sie sagen könnte.

***3. Schritt:** In das Geschehen eingreifen, den Text verändern*

5 Wie könnte die Geschichte vielleicht noch weitergehen?
Überlege: Kommt Herr Direktor J. wieder in die Realität zurück oder geschieht noch einmal etwas Ungewöhnliches?
Ergänze die folgende Szene oder finde selbst eine neue. Schreibe auf einem Zusatzblatt: *Er setzte sich und fasste sich an die Brust, aber ...*

6 Schreibe eine ähnliche Geschichte mit einer anderen Ausgangssituation.
Du kannst dazu als Anregung eine der drei Zeichnungen nutzen, aber dir auch selbst eine Situation ausdenken.
Beachte beim Schreiben besonders den Aufbau von Franz Hohlers Geschichte: Realistisches und völlig Fantastisches wechseln einander ab.
Verwende dafür ein Zusatzblatt.

Eine Werbeanzeige untersuchen und bewerten

Misereor ist eines der größten Hilfswerke der römisch-katholischen Kirche. Ziel der Hilfsorganisation ist es, den Ärmsten der Armen auf der ganzen Welt zu helfen. Für dieses Anliegen wird natürlich auch Werbung gemacht.

1 Schau dir die Werbung genau an und mach dir Notizen zu ihren Elementen:

a) Wofür wirbt das Plakat? Wozu ruft es auf?

b) Gibt es einen Slogan (Werbespruch), der sich gut merken lässt?

c) Was fällt sofort ins Auge? Farben, Schrift, Personen ...

2 Untersuche die werbewirksame Gestaltung des Plakats:

a) Wie ist die Werbung gestaltet? Wie wirken Farben und Bildteile?

Leuchtend gelber Hintergrund, dazu im Kontrast

b) Weshalb wurde wohl gerade diese Person als Werbeträger ausgewählt?

c) Sprachliche Mittel: Was fällt an den Sätzen auf, die das Bild ergänzen?

„Für uns bleibt noch genug zu tun": „Uns" meint

„Mit Zorn und Zärtlichkeit an der Seite der Armen":

„Helfen Sie mit!": Satzart:

d) Worin besteht die besondere Idee der Werbung?

3 Wie findest du das Werbeplakat? Wird seine Botschaft bei den Betrachtern ankommen? Hast du einen Änderungsvorschlag? Begründe deine Meinung.

4 Schreibe einen Brief an MISEREOR, in dem du erklärst, was dir an ihrem Werbeplakat gefällt und was du möglicherweise ändern oder ergänzen würdest (Bild oder Text).

Das kann ich schon ...	☺	😐	☹
• Die Gestaltung einer Werbeanzeige untersuchen.			
• Die Auswahl des Werbeträgers einschätzen.			
• Sprachliche Mittel einer Werbeanzeige untersuchen.			
• Die besondere Idee einer Werbung erkennen.			
• Die Wirksamkeit einer Werbeanzeige einschätzen.			

→ Markiere die Aufgaben, die du noch einmal bearbeiten willst, um noch besser zu werden. Überlege, ob du dazu neue Texte brauchst. Lasse dich von deiner Lehrerin/deinem Lehrer beraten.

Eine Ballade selbstständig erschließen

1 Lies die folgende Ballade zweimal durch und notiere erste Eindrücke.

Theodor Fontane

John Maynard

John Maynard!
„Wer ist John Maynard?“

„John Maynard war unser Steuermann,
Aus hielt er, bis er das Ufer gewann,
Er hat uns gerettet, er trägt die Kron,
Er starb für uns, unsre Liebe sein Lohn.
John Maynard.“

*

Die „Schwalbe“ fliegt über den Eriesee,
Gischt schäumt um den Bug wie Flocken von Schnee;
Von Detroit fliegt sie nach Buffalo –
Die Herzen aber sind frei und froh,
Und die Passagiere mit Kindern und Fraun
Im Dämmerlicht schon das Ufer schaun,
Und plaudernd an John Maynard heran
Tritt alles: „Wie weit noch, Steuermann?“
Der schaut nach vorn und schaut in die Rund:
„Noch dreißig Minuten ... Halbe Stund.“

Alle Herzen sind froh, alle Herzen sind frei –
Da klingts aus dem Schiffsraum her wie ein Schrei,
„Feuer!“ war es, was da klang,
Ein Qualm aus Kajüt und Luke drang,
Ein Qualm, dann Flammen lichterloh,
Und noch zwanzig Minuten bis Buffalo.

Und die Passagiere, bunt gemengt,
Am Bugspriet stehn sie zusammengedrängt,
Am Bugspriet vorn ist noch Luft und Licht,
Am Steuer aber lagert sichs dicht,
Und ein Jammern wird laut: „Wo sind wir? wo?“
Und noch fünfzehn Minuten bis Buffalo.

Der Zugwind wächst, doch die Qualmwolke steht,
Der Kapitän nach dem Steuer späht,
Er sieht nicht mehr seinen Steuermann,
Aber durchs Sprachrohr fragt er an:
„Noch da, John Maynard?“
„Ja, Herr. Ich bin.“
„Auf den Strand! In die Brandung!“
„Ich halte drauf hin.“
Und das Schiffsvolk jubelt: „Halt aus! Hallo!“
Und noch zehn Minuten bis Buffalo.

„Noch da, John Maynard?“ Und Antwort schallts
Mit ersterbender Stimme: „Ja, Herr, ich halts!“
Und in die Brandung, was Klippe, was Stein,
Jagt er die „Schwalbe“ mitten hinein.
Soll Rettung kommen, so kommt sie nur so.
Rettung: der Strand von Buffalo!

*

Das Schiff geborsten. Das Feuer verschwelt.
Gerettet alle. Nur *einer* fehlt!

*

Alle Glocken gehn; ihre Töne schwelln
Himmelan aus Kirchen und Kapelln,
Ein Klingen und Läuten, sonst schweigt die Stadt,
Ein Dienst nur, den sie heute hat:
Zehntausend folgen oder mehr.
Und kein Aug im Zuge, das tränenleer.

Sie lassen den Sarg in Blumen hinab,
Mit Blumen schließen sie das Grab,
Und mit goldner Schrift in den Marmorstein
Schreibt die Stadt ihren Dankspruch ein:
„Hier ruht John Maynard! In Qualm und Brand
Hielt er das Steuer fest in der Hand,
Er hat uns gerettet, er trägt die Kron,
Er starb für uns, unsre Liebe sein Lohn.
John Maynard.“

Maynard: *sprich: Menart*
er trägt die Kron: *er ist der Größte*
Eriesee: *großer See in Nordamerika*
Bug: *Vorderteil des Schiffs*
Detroit: *sprich: Ditreut*
Buffalo: *sprich: Bafalo*
Kajüte: *Wohn-, Schlaf- und Aufenthaltsraum auf Schiffen*
Bugspriet: *über den Bug herausragender Mastbaum*

2 Ein Schüler einer Klasse 7 hat einen Stichwortzettel angefertigt. Die Lesetipps zum selbstständigen Erschließen einer Ballade (Schülerband, S. 182) hat er dabei zu Hilfe genommen. Ergänze seine Notizen:

Autor: *Theodor Fontane*
Titel: *John Maynard*
Textart: *Ballade*

Thema: ______________________________

Ort/Zeit/Situation: *Fahrt auf dem Dampfer „Schwalbe" von Detroit nach Buffalo*

Handlung: ______________________________

____

Ausgang: ______________________________

Die Figuren: ______________________________

Wie durch Sprache Spannung entsteht: *wörtliche Rede: Z. 2, 3–7,* ______________________________

Wiederholungen: ______________________________

Bildhafte Ausdrücke: ______________________________

Personifizierungen: ______________________________

____

Worauf die Ballade hinweisen möchte: ______________________________

____

Meine Meinung: ______________________________

____

3 Schreibe deine Untersuchungsergebnisse mithilfe der Notizen in einem zusammenhängenden Text auf.

Das kann ich schon ...	☺	😐	☹
• Die Handlung einer Ballade zusammenfassen.			
• Besondere Charaktermerkmale der Figuren beschreiben.			
• Sprachliche Mittel finden, mit denen Spannung erzeugt wird.			
• Die Mitteilungsabsicht einer Ballade erkennen.			

→ *Markiere die Aufgaben, die du noch einmal bearbeiten willst, um noch besser zu werden. Überlege, ob du dazu neue Texte brauchst. Lasse dich von deiner Lehrerin/deinem Lehrer beraten.*

Zugang zu Gedichten finden

Ein grünes Blatt

Ein Blatt aus sommerlichen Tagen
Ich nahm es an mich ohne Fragen
Ich wollt es immer bei mir tragen
Ich nahm es so im Wandern mit
Auf dass es einst mir möge sagen
Wenn Herbstes Dunkel mich bedrückt
Wie damals ich in Sommertagen

Das Glück in Händen hab getragen
Gesammelt, was mich heut beglückt
Wie mich die Sommerzeit entzückt
Wie laut die Nachtigall geschlagen
Wie sanft die Luft an Sommertagen
Wie grün der Wald, den ich durchschritt
Wie federnd meiner Füße Tritt

1 Das Gedicht „Ein grünes Blatt" von Theodor Storm besteht im Original aus fünf Zeilen. Hier sind noch neun weitere Zeilen dazugedichtet worden. Wähle die fünf Zeilen aus, die dir am besten gefallen, und setze daraus dein eigenes Gedicht zusammen. Du kannst die Überschrift übernehmen oder dir eine andere Überschrift ausdenken.

2 Vergleiche dein Gedicht mit den Gedichten deiner Mitschüler.
- Erkläre, warum du gerade diese fünf Zeilen ausgewählt hast, und lass dir dies auch von den anderen erklären.
- Wie sind bei dir und den anderen die Reime angeordnet?

3 Vergleicht ganz am Schluss eure Gedichte mit dem Originalgedicht (Lösungsteil, S. 4). Sprecht darüber, warum der Dichter wohl gerade diese fünf Zeilen geschrieben hat.

4 Schau dir den Aufbau des Originalgedichts genau an.
- Wie ist der inhaltliche Zusammenhang zwischen den einzelnen Zeilen?
- Achte auch auf die sprachlichen Mittel. Was fällt dir besonders auf?
- Welche Bilder siehst du beim Lesen des Gedichts vor dir?

1 Aus den folgenden Textbausteinen kannst du mehrere Gedichte zusammensetzen. Wenn du aus den blau gedruckten Zeilen jeweils eine Auswahl triffst, wird dein eigenes Gedicht daraus. Du kannst die Überschrift übernehmen oder dir eine neue Überschrift ausdenken.
Unterstreiche die Zeilen, die in dein Gedicht passen, oder schreibe sie auf einem Zusatzblatt neu auf. Die schwarz gedruckten Zeilen sollen auf jeden Fall in deinem Gedicht vorkommen. In den Zeilen 2 und 14 musst du dich für ein Pronomen entscheiden.

Diplomatischer Rat

1
Ein Bär fraß Honig gar zu gern,
Ein Marder fraß die Hühner gern,
Ein Wolf, der fraß die Schafe gern,

2
Doch wusst' er nicht, wie sie/ihn erhaschen;

3
Er fragt den Fuchs, 'nen alten Herrn,
Er fragt den Löwen, einen Herrn,
Er fragt das Wildschwein, einen Herrn,

4
Dem Steifheit schon verbot das Naschen.

5
Der sagt ihm: „Freund, der Rat ist alt,

6
Was hilft zu zögern, brauch Gewalt!"

7
Der Wolf, der stürmt in vollem Lauf,
Der Bär stürmt hin in vollem Lauf,
Der Marder stürmt in vollem Lauf,

8
Die Hühner aber flattern auf,
Die Schafe aber schrecken auf,
Die Bienen aber fliegen auf,

9
Die einen flüchtend, blökend jene,
Die einen gackernd, kreischend jene,
Und summen böse, doch die Süße,

10
Die tropft dem Wildschwein vor die Füße,
Die kriegt der Löwe in die Zähne,
Gerade in des Fuchses Zähne,

11
Das unten drunter lauernd lag
Der gegenüber lauernd lag
Der in der Nähe lauernd lag

12
Und mühlos hielt den Erntetag.

13
Wenn du nach Honig lüstern bist,
Wenn du nach Schafen lüstern bist,
Wenn du nach Hühnern lüstern bist,

14
Frag keinen, der sie/ihn selbst gern frisst.

2 Lies dein Gedicht anschließend deinen Mitschülerinnen und Mitschülern vor und höre dir an, was für Gedichte die anderen zusammengesetzt haben.

3 Vergleicht anschließend eure Gedichte mit dem Originalgedicht von Franz Grillparzer (Lösungsteil, S. 5). Beschreibt den Inhalt des Originalgedichts. Warum hat der Dichter wohl diese Überschrift gewählt?

4 Übertrage den Inhalt und die „Lehre" des Gedichts auf menschliche Lebensbereiche.

Im Original ist das folgende Gedicht von Juliane Kühne in Versen und Strophen angeordnet, aber ohne Reime. Hier sind die Zeilen fortlaufend geschrieben, außerdem fehlen die Überschrift und der Schluss.

1 Lies dir den Text halblaut vor. Setze Schrägstriche ein, mit denen du den Text an passenden Stellen gliedern kannst.

Fliegen können jetzt sich aus dem Fenster schwingen zu den Baumwipfeln empor in den blauen Himmel gedankenleer und voll wahnsinniger Freiheit Trauer und verrückt unendlicher Jubel ich erwache noch benommen von meinem Traum ich öffne das Fenster und atme tief in die Nacht niemals werde ich fliegen können denke ich doch dann schwinge ich mich hinaus weich und sanft schwebe ich zu den Baumwipfeln empor dem Himmel entgegen und …

2 Schreibe den Text so auf, dass ein Gedicht mit einzelnen Versen und Strophen entsteht. Überlege dir auch eine passende Überschrift und füge am Schluss noch mindestens ein Wort hinzu.
Schreibe auf einem Zusatzblatt.

3 Vergleicht eure Texte untereinander und mit dem Originaltext (Lösungsteil, S. 5). Sprecht vor allem über den Titel des Originalgedichts.

4 Schreibe ein Parallelgedicht. Passende Wörter oder Wortgruppen kannst du aus dem Originalgedicht übernehmen. So kannst du beginnen:
Zaubern können …
Gedanken lesen können …
In die Zukunft schauen können …

Das kann ich schon …	🙂	😐	🙁
• Aus vorgegebenen Textbausteinen ein Gedicht zusammenstellen.			
• Meine Auswahl von Gedichtzeilen begründen.			
• Den Aufbau eines Gedichts erkennen.			
• Die sprachlichen Mittel eines Gedichts herausfinden.			
• Gedichte miteinander vergleichen.			
• Einen fortlaufend geschriebenen Text zu einem Gedicht umformen.			
• Ein Parallelgedicht schreiben.			

→ Markiere die Aufgaben, die du noch einmal bearbeiten willst, um noch besser zu werden. Überlege, ob du dazu neue Texte brauchst. Lasse dich von deiner Lehrerin/deinem Lehrer beraten.

Abwechslungsreich schreiben: Synonyme verwenden

Der Zug der Spielzeugenten

In einem Sturm mitten auf dem Pazifik gingen 1992 ein Dutzend Container über Bord. Einer öffnete sich: 29 000 Quietschenten nutzten die günstige Gelegenheit und schwammen in die Freiheit. Doch wohin sollte die Reise gehen? Zwei Drittel der Plastikenten entschieden sich für das Naheliegende und erreichten drei Jahre später die Küsten Hawaiis, Indonesiens oder Südamerikas. Interessanter ist jedoch, was mit den 10 000 Entchen geschah, die einen nördlichen Kurs einschlugen.

Als ihre Kollegen bereits an südlichen Stränden schmorten, passierten die Kunststoffviecher die Beringstraße, die Europa von Nordamerika trennt. Von einer Meeresströmung erfasst schwammen die Plastiktiere weiter durch das nördliche Eismeer und um Grönland herum. 2001 zog das gefährliche Treibgut an Island vorbei.

Ungefähr an der Stelle, wo die Titanic versank, stand eine weitere Richtungsentscheidung an: Eine Minderheit entschied sich für die schottischen Hebriden, die Mehrheit setzte sich in die USA ab, an die Küsten der Neuengland-Staaten. Zurück blieb ein Trupp der gelben Veteranen, die eine Seefahrt immer noch lustig fanden. Sie ließen sich vom warmen Golfstrom treiben – und werden in Kürze bestens ausgeruht die britischen Inseln erreichen. Vermutlich gehen sie auch an Land. Glückliche Briten und Iren: Wer einen der Weltenbummler findet, der noch fidel quietscht, bekommt von der Herstellerfirma hundert Dollar geschenkt. *Ralf Höller*

1 Lies die Zeitungsmeldung über die Weltreise von Plastikenten.
Was machen die Plastikenten alles? Suche die Verben heraus und ergänze den Cluster:

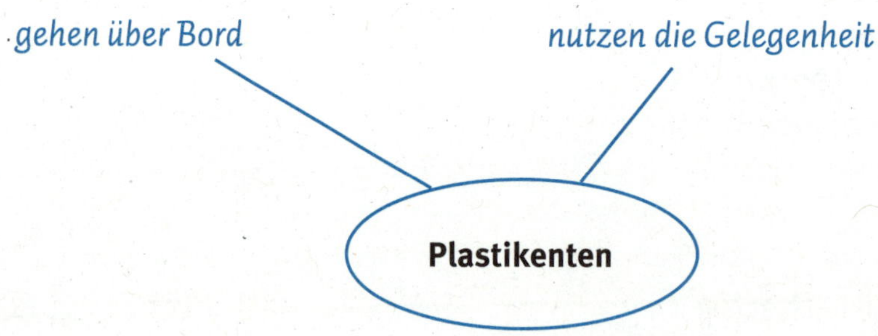

2 Markiere alle Wörter, mit denen die Enten bezeichnet werden.

3 Trage alle Bezeichnungen (Synonyme) für „Plastikenten“ in die Tabelle ein. Achte darauf, was mit den verschiedenen Wörtern besonders betont wird.

Synonyme	Mit dem Wort betont man besonders, ...
Spielzeugenten	dass Kinder damit spielen.
	dass sie aus einem bestimmten Material sind.
	dass sie schon weit gereist und lange unterwegs sind.
	dass sie wie eine Gruppe alter Soldaten unterwegs sind.
	dass die Enten klein und niedlich sind.
	dass sie Töne von sich geben, wenn man auf sie drückt.
	dass die Enten eine Gefahr für die Umwelt darstellen.
	dass die Enten wie Freunde zusammengehören.

4 Unterstreiche die Wörter, an denen du erkennen kannst, dass die Enten wie Personen beschrieben werden (Personifizierung).

→ *Hinweise auf die Personifizierung findest du im Schülerband, S. 290.*

5 Der Autor des folgenden Textes hat das Wort „Enten“ zu oft wiederholt. Überarbeite seinen Text und gebrauche dabei Synonyme aus der Tabelle. Vergleicht eure Ergebnisse.

Die Weltreise von 29000 Enten

Normalerweise tummeln sich die unsinkbaren Enten in weit kleineren Gewässern. Doch als 1992 ein Containerschiff kippte, gingen 29000 Enten auf Weltreise.

Eine Armada von Enten, blauen Schildkröten und grünen Fröschen ist unterwegs auf den Weltmeeren. Die Enten überstanden Sturm und Wellen, reisten an die 30 000 Kilometer weit, wurden zu Tausenden an Stränden angespült und nicht wenige Enten verharren im ewigen Eis der Arktis.

Seit im Pazifik ein chinesischer Frachter in Seenot geriet und einen Teil seiner Ladung verlor und die Boxen im Wasser aufplatzten, sind die unsinkbaren und beinahe unzerstörbaren Enten auf großer Reise. Der Trip der Enten ist eine Sensation für Forscher: Die verlorengegangenen Enten liefern Wissenschaftlern wertvolle Hinweise über die Strömungsverhältnisse in den Weltmeeren.

Sprachen vergleichen: Zusammensetzungen entschlüsseln

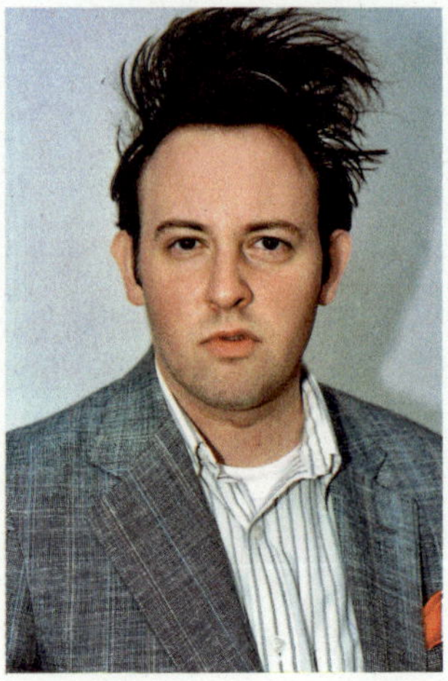

Der **amerikanische Schriftsteller Joey Goebel**, geb. 1980, hat erst als Erwachsener angefangen, Deutsch zu lernen. Viele deutsche Wörter findet er sehr schwer. Er klagt darüber, dass aus kurzen englischen Wörtern „Ungetüme“ mit sehr vielen Buchstaben werden:

Geschirrspülmaschine: Das schwierigste Wort, das ich lernen musste. Als ich es auswendig konnte, empfand ich das als kleinen Triumph. Eigentlich ist es gar kein Wort, sondern ein kompletter Satz.

1 Warum ist das Wort „Geschirrspülmaschine“ eigentlich ein kompletter Satz?

a) Schreibe diesen Satz auf.

Eine Geschirrspülmaschine ist eine Maschine, ______________________

____.

b) Formuliere Relativsätze, um folgende Wörter zu erklären:

Ein Personenkraftwagen ist ein Wagen, ______________________

____.

Ein Lastkraftwagen ist ein Wagen, ______________________

____.

Eine Windschutzscheibe ist eine Scheibe, ______________________

____.

Eine Straßenverkehrsordnung ist eine Ordnung, ______________________

____.

Ein Stromversorgungsunternehmen ist ein Unternehmen, ______________________

____.

2 Wähle ein Wort aus und finde heraus, wie es im Englischen, Französischen, Italienischen, Polnischen oder Türkischen heißt und mache eine Liste. Du kannst auch andere Sprachen wählen.

3 Hat Joey Goebel mit seiner Behauptung recht, dass die Wörter im Deutschen besonders lang sind?

Der **Chat-Beiträger „Bernd" aus Dänemark** stellt fest, dass die (oft) ziemlich langen deutschen Wörter dazu führen, dass ein deutscher Text 30–35 % mehr Buchstaben enthält als ein entsprechender dänischer Text.

4 Vergleiche die dänischen und deutschen Wörter miteinander:
a) Welche deutschen Übersetzungen sind so möglich? Unterstreiche sie.
b) Welche deutschen Übersetzungen müssen erweitert werden?
Welche zusätzlichen Informationen enthalten sie? Unterstreiche sie.

dänisches Wort	wörtliche Übertragung	korrekte Übersetzung
Personbil	Personenwagen	
Lastvogn	Lastwagen	
Forrude	Schutzscheibe	
Færdselslov	Verkehrsordnung	
Elselskab	Stromunternehmen	

5 Bernd ist der Ansicht: „Die Deutschen erkennen anscheinend das Problem und bilden dann in vielen Fällen Abkürzungen." Für welche der zusammengesetzen Wörter gibt es Abkürzungen? Schreibe sie dazu.

6 Was bedeuten die folgenden Abkürzungen. Ergänze die Tabelle.
Erkläre die Wörter wie in Aufgabe 1b auf einem Zusatzblatt.

deutsches Wort	Abkürzung
	SMV
	TÜV
	DLRG
	ABS
	EDV

Tipp
Schlage im Wörterbuch nach, falls du die Abkürzungen nicht kennst.

7 Der **Sprachwissenschaftler Rainer Perkuhn** ist auf der (nicht ganz ernst gemeinten) Suche nach dem längsten deutschen Wort. Erkläre folgende „Wortungeheuer", auf die er dabei gestoßen ist:
a) Donaudampfschifffahrtsgesellschaftskapitänsmützenknopf
b) Rindfleischettikettierungsüberwachungsaufgabenübertragungsgesetz
c) Feuerwerksraketenanzündeschnursicherheitsverlängerung

Fachwörter erklären: Nominalisierungen auflösen

1 Lies den folgenden Internet-Bericht. Ordne die Stichpunkte den passenden Abschnitten zu: *Erforschung der Umweltverschmutzung* *Gefährdung durch Giftmüll* *Anwachsen des Plastikmülls* *Appell zum verantwortungsvollen Umgang mit Müll*

Umweltverschmutzung im Pazifik:

Ein Strudel aus Plastikmüll

Pet-Flaschen, Tüten, Plastikbehälter: Im Ozean zwischen Kalifornien und Hawaii wächst seit Jahrzehnten ein gigantischer Strudel aus Müll. Er ist nach Einschätzung von Wissenschaftlern doppelt so groß wie der US-Bundesstaat Texas. 13.000 Stückchen Plastikmüll finden sich nach Angaben des UN-Umweltprogramms inzwischen in jedem Quadratkilometer Meer.

Der Strudel aus Plastikmüll, der von Plastikflaschen, -behältern und -tüten stammt, wurde unter Einwirkung von Sonne, Gezeiten, Wind und Wellen in winzige Partikel zerrieben. Weil die Abfälle von den Naturgewalten so fein zermahlen wurden, kann das meiste von Satellitenbildern gar nicht erfasst werden. Seetiere und Vögel nehmen die Plastiksuppe, die voll giftiger Chemikalien ist, jedoch auf. Durch diese Nahrungsaufnahme gelangen viele Giftstoffe so auch in die menschliche Nahrungskette.

Eine Gruppe von Umweltschützern und Wissenschaftlern will in den nächsten Monaten eine Forschungsreise zu dem entlegenen Meeresgebiet unternehmen. Dabei soll untersucht werden, ob der für Mensch und Tier gefährliche Abfall aus dem Meer gefischt und verwertet werden kann. Diese Mission wird das erste wissenschaftliche Unternehmen sein, das Schadstoffe aus Plastikmüll an der Meeresoberfläche erforscht. Untersucht werden auch die Auswirkungen der Schadstoffe auf die Lebewesen, ihre Ablagerungen am Meeresboden sowie die Vergiftungen, die durch die Auswaschung von Chemikalien entstehen.

Der Grund des Übels ist aber an Land zu suchen: Wir müssen weltweit für einen verantwortungsvollen Umgang mit Müll sorgen.

2 Trage die unterstrichenen Nomen in die Tabelle ein. Von welchen Verben sind sie abgeleitet?

Nomen	Verben
Einschätzung	*etwas einschätzen*

3 Suche im Text nach zusammengesetzten Nominalisierungen (z. B. *Umweltverschmutzung*) und erkläre sie (*die Umwelt verschmutzen*).

Überprüfe dein Wissen und Können

Genau beschreiben: Adjektive gebrauchen

1 Überarbeite den folgenden Text, indem du die passenden Adjektive einsetzt.
dünn einzigartig groß handwerklich stabil welk
geheim einfach geeignet faul wichtig morsch

Joachim Budde

Mein Baumhaus

Ein Versteck im Geäst, ein Reich hoch oben, vor aller Welt verborgen. Vielleicht wünschst du dir solch ein Baumhaus, ein Ort, von dem du auf die Welt hinabschauen kannst, der dein ______________ Treffpunkt wird.

Es gibt leider keine Anleitung zum Bauen, die immer passt, denn jedes Baumhaus ist so ______________ wie der Baum, der es beherbergt.

Ein ______________ Häuschen zu zimmern, ist aber gar nicht so schwierig. Ganz ohne Hilfe von Erwachsenen geht es zwar nicht, und ein wenig ______________ Geschick ist auch nötig.

Am wichtigsten aber ist ein ______________ Baum.

Der sollte vor allem gesund sein. Schau dir den Baum genau an: Blättert die Rinde irgendwo ab? Hat er ______________ Äste? Tragen einzelne Äste ______________ Blätter oder Nadeln? Erkennst du irgendwo dunkle Stellen am Stamm mit ______________ Holz?

Wenn du alle diese Fragen mit *nein* beantworten kannst, ist der Baum geeignet.

Der zweite ______________ Punkt: Handelt es sich um einen ______________ Baum? Für einen ______________ Baum ist ein kleines Haus kein Problem. Aber auch ein weniger großer Baum kann ein Baumhaus tragen, wenn das Gewicht zusätzlich auf Stützen verteilt wird, die auf dem Boden stehen – der Stamm deines Baumes darf aber auf keinen Fall ______________ als ein Männeroberschenkel sein.

Mit Adjektiven bewerten

Auf den Spuren der Eisbären

Die kanadische Provinz Manitoba: Abenteuer in der Wildnis erleben und außergewöhnliche Orte entdecken.

Eisbären, Belugawale und Schwarzbären leben in den verschiedenen Ökosystemen Manitobas. Boreale Wälder, Seen mit schönen Stränden, Prärie, Tundra und interessante Städte machen es zu einem Ferienziel für Sommer und Winter. Winnipeg, die Hauptstadt der Provinz, bietet zahlreiche Museen und Veranstaltungen wie das ethnische Fest *Folklorame* oder *Manito Ahbee*. Die Stadt ist auch idealer Ausgangspunkt für Exkursionen in die Subarktis, wie nach Churchill an der Hudson Bay. Die Natur um das Städtchen beheimatet zahlreiche Wildtiere und eine beeindruckende subarktische Pflanzenwelt. Vor allem wegen der Möglichkeit, Eisbären hautnah zu erleben, ist Churchill bekannt. Die Tiere sammeln sich im Oktober und November entlang der Küste der Hudson Bay und warten auf das Gefrieren des Wassers. Die größten Landraubtiere der Erde, die Polarbären, lassen sich dann am besten aus einem Spezialfahrzeug, dem Tundra Buggy®, beobachten. Genießen Sie mit DERTOUR unvergessliche Tage in Manitoba.

Adjektiv	**Nomen, auf das sich das Adjektiv bezieht**
	Orte
	Ökosysteme
	Strände
	Städte
	Museen
	Wildtiere
	Pflanzenwelt
	Landraubtiere

1 Schau dir das Bild an und lies den Text der Reisewerbung:
Was wird an der kanadischen Provinz Manitoba herausgestellt?
a) Markiere im Text alle Adjektive.
b) Ordne die passenden Adjektive den Nomen zu.

2 Was wird durch diese Adjektive erreicht?
Kreuze die richtige Antwort an:
- ☐ Der Autor will die Region Manitoba möglichst genau beschreiben.
- ☐ Der Autor will die wichtigsten Informationen über die Region übermitteln.
- ☐ Der Autor will die Lebensweise der Eisbären beschreiben.
- ☐ Der Autor will die Leser dazu aufrufen, die Region Manitoba zu besuchen.

3 Um welche Textsorte handelt es sich?
Woran hast du das erkannt?

Den Vorgang betonen: Passiv gebrauchen

Feuer: Dorf bei Bitburg evakuiert

Chemie-Experiment eines 50-Jährigen ging schief

Echtershausen. Bei einem Experiment mit feuergefährlichen Chemikalien hat ein 50-jähriger Mann im Keller seines Hauses in Echtershausen einen Brand ausgelöst. Bei dem Feuer am Donnerstag wurde der Bastler verletzt. Der Mann hatte in seinem Keller weitere chemische Substanzen gelagert. Deswegen wurde ein Teil des Dorfes vorsorglich evakuiert. Rettungskräfte stellten die Chemikalien sicher. Zwanzig Feuerwehrleute wurden vorsorglich ins Krankenhaus Bitburg gebracht, weil sie Qualm eingeatmet hatten. Nachdem sie dort untersucht worden waren, wurden sie jedoch wieder entlassen. Es wurden keine gesundheitlichen Schäden festgestellt. Die Bewohner konnten gegen 22 Uhr in ihre Häuser zurückkehren. Feuerwehr, Polizei und Rotes Kreuz waren mit mehr als 150 Kräften im Einsatz.

1 Lies den Zeitungsbericht und beantworte folgende Fragen
a) Was hat der 50-jährige Mann gemacht?
b) Was passierte anschließend?

2 Welche Sätze stehen im Aktiv, welche im Passiv? Markiere im Text alle Passivformen.

→ *Hinweise auf die Passivformen findest du im Schülerband, S. 230.*

3 Warum wird wohl in diesen Sätzen das Passiv gebraucht? Kreuze an:
- ☐ Der Autor des Berichts betont damit, wer etwas tut.
- ☐ Der Autor betont, dass nichts Wichtiges passiert ist.
- ☐ Der Autor schildert den Vorgang des Geschehens.
- ☐ Der Autor möchte zeigen, dass er selbst dabei war.

4 Warum steht der erste Satz der Meldung wohl im Aktiv?

5 Schildere den Vorgang und ergänze die Sätze im Passiv:

Der Bastler wurde ______________________________.

Ein Teil des Dorfes ______________________________.

Zwanzig Feuerwehrleute ______________________________.

Dort ______________________________.

Anschließend ______________________________.

Gesundheitliche Schäden ______________________________.

6 Formuliere aus der Überschrift einen ganzen Satz:

____

Aktiv und Passiv unterscheiden

1 Vergleiche den Anfang der Zeitungsmeldungen.
Unterstreiche die Verbformen: Worin unterscheiden sie sich?

Rummelplatz-Unfall: **Ermittlungen gegen Betreiber**	**Rummelplatz-Unfall:** **Ermittlungen gegen Betreiber**
Berlin. Nach dem Unfall bei einem Volksfest in Berlin wird gegen den Betreiber des Fahrgerätes „Stargate" ermittelt.	**Berlin.** Nach dem Unfall bei einem Volksfest in Berlin ermitteln die Behörden gegen die Betreiber des Fahrgerätes „Stargate".

2 Lies die Meldung in der linken Spalte.
Unterstreiche alle Passivformen: In welcher Zeitform stehen sie?

Das riesenrad-ähnliche Gerät stoppte am Samstag plötzlich bei voller Fahrt. Vierzehn Menschen hingen kopfüber in fünfzehn Metern Höhe. Sie wurden erst nach einer Dreiviertelstunde gerettet.	Das riesenrad-ähnliche Gerät stoppte am Samstag plötzlich bei voller Fahrt. Vierzehn Menschen hingen kopfüber in fünfzehn Metern Höhe. Die Feuerwehr ___ ___.
Kein Fahrgast wurde verletzt. Aber mehrere klagten über heftige Übelkeit.	Kein Fahrgast wurde verletzt. Aber mehrere klagten über heftige Übelkeit.
Zwei Menschen wurden daraufhin ins Krankenhaus gebracht.	Die Sanitäter des Roten Kreuzes ___ ___.
Am Montag wurde das Gerät untersucht.	Fachleute des TÜV ___ ___.
Die Bremse wurde ausgebaut und zur Untersuchung in eine Werkstatt gebracht.	Sie ___ ___ ___.
Schon in der vergangenen Woche hatte es einen technischen Defekt bei einem Fahrgerät gegeben. Dieses wurde aber rechtzeitig abgeschaltet.	Schon in der vergangenen Woche hatte es einen technischen Defekt bei einem Fahrgerät gegeben. Die Betreiber ___ ___.

3 Der Reporter hat zusätzliche Informationen erhalten und die Meldung überarbeitet. Schreibe die Sätze rechts im Aktiv zu Ende. Achte auf die Zeitform.

→ *Hinweise auf den Gebrauch von Aktiv und Passiv findest du im Schülerband, S. 230.*

4 Warum hat der Reporter bei der Überarbeitung seiner Meldung häufiger das Aktiv verwendet?

Überprüfe dein Wissen und Können

Passiv gebrauchen

Marzipan – selbst gemacht

Ihr braucht: 200 g Mandeln, 200 g Puderzucker, 2 EL Rosenwasser (gibt es in der Apotheke), ein paar Tropfen Bittermandelaroma

1. Gebt die Mandeln in einen Topf mit Wasser und bringt dieses zum Kochen. Nach etwa fünf Minuten gießt ihr das heiße Wasser vorsichtig ab und schüttet kaltes Wasser über die Mandeln. Jetzt könnt ihr die braune Haut leicht von den Mandeln ablösen.
2. Zermahlt die gehäuteten Mandeln in einem Mixer oder mit einem Pürierstab. Je feiner, desto besser.
3. Verrührt den Puderzucker mit den Mandeln. Mischt Rosenwasser und Bittermandelaroma darunter und knetet die Zutaten gut durch – fertig ist das Marzipan!
4. Das könnt ihr schnell vernaschen. Oder aber zu Plätzchen und anderen Leckereien verarbeiten. Tolle Rezepte dafür findet ihr im Internet unter www.geolino.de/rezepte.

1 In dem Rezept aus der Zeitschrift Geolino werden die Leser direkt angesprochen. Überarbeitet den Text für ein Kochbuch. Beschreibt, wie Marzipan gemacht wird und benutzt dabei das Passiv.

Die Mandeln werden in einen Topf mit Wasser gegeben und dieses ______

______ *Nach etwa fünf Minuten*

______.

Dann wird kaltes Wasser ______.

Jetzt ______.

Die gehäuteten Mandeln ______

______.

Der Puderzucker ______.

Rosenwasser und Bittermandelaroma ______.

Zuletzt ______

______.

Überprüfe dein Wissen und Können

Satzglieder bestimmen

1 Lies den Zeitungsbericht und fasse in einem Satz zusammen, was passiert ist. Denke an die W-Fragen: *Wer? Was? Wann? Wo?*

____

____

1 Fast zwei Tage hat ein 17-jähriger Kanadier auf ei-
ner Eisscholle in arktischen Gewässern ausharren
müssen, bevor er in einer dramatischen Rettungsak-
tion schließlich geborgen werden konnte. Dem Ju-
2 gendlichen drohte nicht nur der Kältetod: Mit ihm
auf der Scholle befanden sich eine Eisbärenmutter
und ihre zwei Jungen.

3 Eigentlich wollte der Teenager am Samstag im Ter-
ritorium Nunavut mit seinem Onkel Eisbären jagen.
4 Ihr Schneemobil blieb rund 17 Kilometer von der
kleinen Ortschaft Coral Harbour entfernt liegen.
Die beiden machten sich zu Fuß auf den Weg, um
Hilfe zu holen. Dabei brach eine Eisscholle ab, und
der 67-Jährige und sein Neffe wurden getrennt.

Am Ende eines treibenden Eisbretts wartet ein 17-jähriger Inuit zwei Nächte lang auf Rettung

Zwar konnte der Onkel bereits am Sonntagmorgen
gerettet werden, doch von dem 17-Jährigen fehlte
zunächst jede Spur. Während eine großangelegte
Suchaktion anlief, spielten sich draußen auf dem
Meer dramatische Szenen ab. Der Jugendliche be- 5
gegnete drei Eisbären.

Hätte er kein Gewehr bei sich gehabt, wäre sein
Schicksal vermutlich besiegelt gewesen. Er erschoss
den größeren Bären, die beiden anderen – zwei he-
ranwachsende Jungen – ließ er am Leben. „Sie hiel-
ten sich von ihm fern, deshalb musste er nicht auf
sie schießen“, sagte ein Sprecher der Rettungskräf-
te, Ed Zebedee. Am Sonntagnachmittag entdeckte 6
der Pilot eines an der Suche beteiligten Kleinflug-
zeugs schließlich den gestrandeten Jungen.

Helfer warfen ein Paket mit Süßigkeiten ab. Bei 7
Einbruch der Dunkelheit verloren die Retter die
Eisscholle mit dem Jugendlichen allerdings aus den
Augen.

Erst am Montagmorgen war der Kontakt wieder hergestellt. Spezialisten landeten mit Fallschirmen auf einer nahegelegenen Eisscholle. Sie brachten den Jungen mit einem Boot an Land. Nach einer ersten Behandlung vor Ort wurde er in ein Krankenhaus in Churchill geflogen.

2 Setze die Satzglieder zu einer passenden Überschrift zusammen:
zwei Nächte – junger Kanadier – neben Bären – verbringt – auf einer Eisscholle

____

____.

3 Bestimme die einzelnen Satzglieder deiner Überschrift mithilfe von W-Fragen. Trage die Satzglieder in die Tabelle ein.

→ *Hinweise zur Bestimmung der Satzglieder findest du im Schülerband, S. 232 und S. 295.*

4 Bestimme die schwarz unterstrichenen Satzglieder im Zeitungsbericht und trage sie in die Tabelle ein.

	Subjekt	**Prädikat**	**Objekt** A = Akkusativobjekt D = Dativobjekt	**adverbiale Bestimmungen** Z = Zeitangabe O = Ortsangabe G = Grund A = Art und Weise
	junger Kanadier		*zwei Nächte (A)*	*neben Bären (A/O)*
1				
2				
3				
4				
5				
6				
7				

5 Bestimme mithilfe der Umstellprobe die Satzglieder der rot unterstrichenen Sätze und trage sie ebenfalls in die Tabelle ein (Zusatzblatt).

Texte ausbauen: Adverbiale Bestimmungen gebrauchen

1 Lies den Bericht von Michael Bowron. Was hat dieser australische Schüler Besonderes erlebt?

Was war da los, Michael?

Das Wrack, vor dem mein Vater und ich stehen, war unser Lkw. Wir hatten einen Unfall (auf der Heimfahrt). Ein Reifen platzte (plötzlich). Der Wagen geriet ins Schleudern, raste und kippte um (in einen Busch). Das alles ging ganz schnell. Ich bin fast ohnmächtig geworden (vor Schreck). Zum Glück ist mir nichts passiert. Aber mein Vater war verletzt (am Gesicht und am Bein). Außerdem war er eingeklemmt und kam nicht mehr heraus (aus dem Führerhaus). Ich krabbelte und suchte nach etwas, mit dem ich ihn befreien konnte (aus dem Lkw). Da entdeckte ich das Funkgerät, das herausgeschleudert worden war (auf der Erde – durch den Aufprall). Die Drähte hingen heraus, es war so nicht mehr zu benutzen. Dann fand ich eine Batterie (glücklicherweise – im Handschuhfach). Mein Vater erklärte mir, wie ich das Funkgerät kurzschließen konnte. Dazu musste ich die Drähte mit der Batterie verbinden (vorsichtig). Ich habe mir dabei die Finger verbrannt, weil Funken flogen, aber irgendwann habe ich es geschafft und konnte meine Mutter und meinen Onkel benachrichtigen (per Funk). Sie kamen sofort und mein Vater wurde abtransportiert (in ein Krankenhaus). Ich habe meinem Vater das Leben gerettet (mit dem Funkgerät). Ich habe eine Tapferkeitsmedaille verliehen bekommen (letzte Woche – wegen dieser Rettungsaktion). Wir kaufen uns einen neuen Lkw (bald).

2 Überarbeite den Bericht. Schreibe ihn auf ein Zusatzblatt und füge die Informationen in Klammern ein:
Das Wrack, vor dem mein Vater und ich stehen, war unser Lkw. Auf der Heimfahrt hatten wir einen Unfall. ...

3 Vergleicht eure Fassungen. Durch die Umstellprobe könnt ihr das Satzglied an den Anfang stellen, das ihr betonen wollt.

4 Bestimme die eingesetzten adverbialen Bestimmungen durch W-Fragen. Übertrage dazu die Tabelle auf ein Zusatzblatt:

Ort *Wo? Wohin?*	**Zeit** *Wann? Wie lange?*	**Art und Weise** *Wie?*	**Grund** *Warum?*
Auf der Heimfahrt			

Genau erklären: Relativsätze verwenden

1 Unterstreiche die Relativsätze und markiere die Nomen, auf die sie sich beziehen:

Abwasser ist Wasser, das von Menschen in Wohnungen oder Fabriken genutzt wurde. Abwasser, das sehr verschmutzt ist, wird über die Kanalisation in Kläranlagen geleitet, in denen es in verschiedenen Stationen gereinigt wird.

2 Ergänze die fehlenden Informationen und füge die Relativsätze passend ein:
das aus Altpapier hergestellt wurde,
die zu wertvoll für den Müll sind
die verbraucht sind oder bei der Herstellung anderer Sachen als Abfall entstehen,

Recycling ist die Wiederverwertung von Abfällen, ____________________

____________________. Dinge, ____________________

____

____________________ kann man oft als Rohstoff für Neues verwenden.

Neues Papier, ____________________ ist recycelt.

3 Texte kürzen: Unterstreiche alle Relativsätze und überlege, welche du durch Adjektive ersetzen kannst. Schreibe den überarbeiteten Text auf.

Klima. Nach langjährigen Beobachtungen des Wetters kann man Aussagen über das Klima machen. Man teilt die Erde in Klimazonen ein. In Äquatornähe liegt die tropische Zone mit Wetter, das immer feuchtheiß ist. Nördlich und südlich davon liegen subtropische Zonen mit Sommern, die trocken und heiß sind, und Wintern, die etwas kühler sind. Dann kommen die Zonen, die gemäßigt sind, zu denen auch Mitteleuropa und der äußerste Süden Amerikas gehören. In diesen Zonen gibt es Sommer, die kurz und kühl sind, und Winter, die streng sind. Stets sehr kalt sind die Polarzonen.

4 Vermeide die Wiederholung der unterstrichenen Wörter und formuliere Relativsätze. Schreibe den überarbeiteten Text auf ein Zusatzblatt.

Abgase entstehen bei allen Verbrennungsvorgängen. Flugzeuge, Autos, Heizungen und Fabriken produzieren riesige Mengen giftiger Schadstoffe. Die Schadstoffe werden in die Luft abgegeben. Die Luftverschmutzung ist in der Umgebung von manchen Städten riesengroß. Diese Luftverschmutzung nennt man Smog. Filteranlagen schützen die Umwelt. Filteranlagen entfernen Schmutzteilchen und giftige Gase aus den Abgasen.

Überprüfe dein Wissen und Können

Relativsätze bilden

1 Lies den Artikel über die zukünftigen „Bewohner" der Erde. Setze die fehlenden Relativpronomen ein:

Die Kreaturen der Zukunft

Wie sehen die Tiere aus, die in fünf, hundert und zweihundert Millionen Jahren auf der Erde leben werden? Darüber haben Experten nachgedacht – und am Computer nie gesehene Geschöpfe erschaffen.
Acht Tonnen schwere Riesenkalmare, ______ so groß wie Elefanten sind, ein Vogel, ______ vier Flügel besitzt, oder Fische, ______ wie Schmetterlinge durch die Wälder flattern: Das sind doch nur Fantasiegebilde, werden viele sagen. Aber die internationale Forschergruppe arbeitete nach strikten Regeln. Jede Pflanze und jedes Tier, ______ die Wissenschaftler entworfen haben, könnte sich in Zukunft auf der Erde entwickeln.

Riesenkalmar

2 Lies die Fortsetzung des Artikels. Unterstreiche alle Relativsätze. Umkreise das Relativpronomen und sein Bezugswort im Hauptsatz:

Die Erde in 100 Millionen Jahren

Hundert Millionen Jahre nach dem Zeitalter der Menschen sind die Eiskappen geschmolzen, und die Erde ist warm und feucht. Ein großer Teil des Planeten ist nun von seichten Meeren, dem Schmelzwasser der Gletscher, bedeckt. Hier lebt ein riesiges Raubtier, das bis zu zehn Meter lang und vier Meter breit wird. An der Oberfläche des Raubtiers befinden sich „Segel", mit denen es in eine bestimmte Richtung gleiten kann. Seine Tentakel tragen Saugglocken, die unvorsichtige Opfer am Meeresboden blitzschnell verschwinden lassen.

Phantom der Meere

In manchen Saugglocken leben gigantische Seespinnen, die das Phantom mit ihren starken Zangen verteidigen. Dafür bekommen sie reichlich Nahrung vom Wirt. Diese Gemeinschaft, von der beide Partner einen Nutzen haben, nennt der Biologe auch Symbiose. Am Äquator liegen riesige Sümpfe, in denen es heiß und feucht ist – wie in einem Treibhaus. Pflanzen können dort besonders gut wachsen. Daher sind im Laufe der Millionen Jahre große Pflanzenfresser entstanden.

Besonders imposant sind die Dinoschildkröten, die sich langsam und schwankend fortbewegen. Diese Tiere, die über 120 Tonnen wiegen und mehr als sieben Meter hoch sind, sind sogar gewaltiger als die größten Dinosaurier.

3 Vermeide die Wiederholung der unterstrichenen Wörter und bilde Relativsätze:
... breitet sich eine zentrale Wüste aus, in der Insekten ...

Die Erde in 200 Millionen Jahren

In zweihundert Millionen Jahren ist die Erde nicht mehr wiederzuerkennen. Im Inneren des Kontinents breitet sich eine zentrale Wüste aus. In der Wüste haben die Insekten die Herrschaft übernommen. Aber hier lebt auch ein einzigartiger Wurm. Der Wurm wird von den Forschern Gärtnerwurm genannt. Bei Tagesbeginn kriecht er aus den Felsspalten und nimmt ein Sonnenbad. Im Nordwesten des Superkontinents ist ein riesiger feuchter Regenwald entstanden. Im Regenwald schwirren die kleinen Waldflische wie Kolibris durch das Blätterwerk. Waldflische haben echte Flügel. Die Flügel haben sich aus den Brustflossen entwickelt.
So oder so ähnlich könnte das Leben auf der Erde in der Zukunft aussehen.

Waldflische

Dass-Sätze : Ich sage, ich meine, ich behaupte ...

1 Lies den Anfang einer Pro-Kontra-Diskussion aus einem Jugendmagazin.
a) Über welches Thema wird diskutiert?
b) Unterstreiche, was Karin Oechslein und Henning Kullak-Ublick über Schulnoten denken.

SIND NOTEN WIRKLICH NÖTIG?

Schule ohne Noten – davon träumen viele Schüler vergebens. Nur an Waldorfschulen gibt es tatsächlich bis kurz vor dem Abitur keine Noten. **Henning Kullak-Ublick**, Lehrer an der Waldorfschule in Flensburg, glaubt, dass es den Schülern dort bessergeht, als anderen. **Karin Oechslein** aus München ist dagegen der Meinung, dass Noten eine gute Sache sind, vor allem für Schüler.

2 Lies die Pro-Kontra-Argumentation von Karin Oechslein und Henning Kullak-Ublick:

Karin Oechslein (Pro)
Noten sind für Kinder und Erwachsene wichtig. Schüler merken durch Noten sofort, ob sie noch mehr lernen sollten. Eine gute Note ist eine Belohnung für jeden, der sich angestrengt hat. Doch auch schlechte Noten sind nicht schlimm. In dem Fall sollten Schüler ihre Lehrer um Rat fragen, wie sie sich verbessern können. Außerdem sind Noten auch für Lehrer wichtig, denn sie können an den Noten erkennen, wie gut sie den Stoff rübergebracht haben. Den Eltern zeigen Noten, wie sich ihre Kinder in der Schule machen. Wenn es Probleme gibt, können sie ihnen eher helfen. Am Ende nutzen Noten also besonders den Schülern.

Henning Kullak-Ublick (Kontra)
Noten sind vor allem eines: unfair. Mehrere Lehrer werden demselben Deutsch-Aufsatz immer eine unterschiedliche Note geben. Auch bekommen meistens jene Schüler schlechte Noten, denen das Lernen schwerfällt und die sich sehr angestrengt haben. Jedes Kind hat eben andere Fähigkeiten, doch das kann durch Noten kaum berücksichtigt werden. Wichtiger ist, die Kinder zu loben oder ihnen zu helfen. Dafür brauche ich keine Noten. Es genügt, wenn Kinder am Ende des Schuljahres eine schriftliche Beurteilung erhalten. Denn die Beurteilung zeigt schon das Wichtigste: Ob sich ein Kind angestrengt hat oder nur wenig gelernt hat. In diesem Fall kann es sich ja wieder mehr bemühen – ohne sich wegen einer Note schlecht fühlen zu müssen.

3 Fasse die Ansicht von Karin Oechslein zusammen und ergänze die Sätze:

Karin Oechslein ist der Ansicht, dass ______________________________

______________________. Sie betont, ______________________________

____.

Karin Oechslein findet zudem, ______________________________

____.

In dem Fall sollten Schüler ihre Lehrer um Rat fragen, wie sie sich verbessern können.
Die Lehrerin aus München ist außerdem der Meinung, ______________________

______________________________, denn sie können an den Noten erkennen, wie gut sie den Stoff rübergebracht haben. Den Eltern zeigen Noten, wie sich ihre Kinder in der Schule machen. Wenn es Probleme gibt, können sie ihnen eher helfen. Frau Oechslein stellt zusammen-

fassend fest, ______________________________

____.

sagen
zeigen, erklären, feststellen, behaupten, bemerken

meinen
finden, vermuten, bezweifeln, glauben, der Ansicht/Meinung sein, annehmen

4 Fasse die Meinung von Henning Kullak-Ublick zusammen. Nutze dazu die Artikel „sagen" und „meinen" aus einem Synonymenwörterbuch.

Henning Kullak-Ublick findet dagegen, ______________________________

____

____

____

____

____

____

____

5 Schreibe einen Leserbrief an die Redaktion des Jugendmagazins, in dem du deine persönliche Meinung über Noten darlegst. So kannst du beginnen:
Sind Noten wirklich nötig?
In der letzten Ausgabe Ihres Magazins habe ich Ihren Artikel über Schulnoten gelesen. Dazu möchte ich meine Meinung als Schüler äußern. Ich finde, ...

Nebensätze erkennen und Kommas setzen

1 Lies den Bericht über Schulstress. Welche Satzzeichen fehlen?

Schulstress

Wenn Schule nervt, dann kann das verschiedene Gründe haben.

Am schlimmsten sind die Montage, sagt Alicia. Montags hat sie diesen Lehrer der manchmal Schüler vor der ganzen Klasse auslacht. Montags fühlt sie sich schlapp und müde weil der Unterricht bis 15.15 Uhr dauert. Danach muss sie noch mindestens zwei Stunden Hausaufgaben machen.

Früher hat Alicia im Sportverein geturnt. Das hat sie inzwischen aufgegeben weil sie die Zeit zum Lernen braucht. Obwohl Alicia eine gute Schülerin ist gibt es Tage an denen ihr alles zu viel wird. Dass Lernen anstrengt und Schule manchmal nervt ist normal. Die meisten Kinder kommen damit irgendwie zurecht. Aber einige finden Schule inzwischen so stressig dass sie sogar krank werden. Manchmal reicht es schon wenn Kinder ihre Hausaufgaben organisieren. Manchmal verschwindet der Schulstress aber erst wenn sich die Familie von Psychologen helfen lässt.

2 Markiere alle Konjunktionen und Relativpronomen im Text und unterstreiche alle Nebensätze. Setze die fehlenden Kommas zwischen Haupt- und Nebensätze.

→ Hinweise auf die Konjunktionen findest du im Schülerband, S. 295.

3 Lies die Fortsetzung des Berichts. Überlege dir, wo ein Komma stehen muss. Begründe, warum du ein Komma gesetzt hast.

→ Vergleiche zur Unterscheidung von Haupt- und Nebensätzen: Schülerband, S. 240.

Einige Dinge die Schule anstrengend machen können Kinder nicht ändern. Die großen Regeln nach denen Schule funktioniert machen die Politiker. In Deutschland gibt es 16 Bundesländer. Jedes hat einen Schulminister oder Schulsenator der in seinem Land eigene Regeln aufstellen darf. Weil die Schulen überall in Deutschland ein bisschen anders sind ist die Situation ganz schön chaotisch! Forscher haben herausgefunden dass viele Kinder die falsche Schule besuchen. Jeder dritte Schüler lernt an einer Schule die zu leicht oder zu schwer für ihn ist. Richtig stressig wird es wenn ein Kind eine zu schwierige Schule schaffen soll. Dann freuen sich nur die Leute die Nachhilfestunden anbieten. Eine gute Nachricht gibt es für alle die Angst vor den nächsten Zeugnissen haben. Immer mehr Politiker haben gemerkt dass Sitzenbleiben nicht viel bringt. Die Schulministerin Barbara Sommer will erreichen dass in Zukunft nur noch halb so viele Kinder eine Klasse wiederholen müssen. Dass die oberste Schulchefin des Landes selbst gar keine tolle Schülerin war kann man daran sehen dass sie selbst einmal eine Klasse wiederholen musste.

Über Zeichensetzung sprechen

Kommaregeln
1. Das Komma steht vor einem Relativpronomen.
2. Das Komma steht vor einer Konjunktion.
3. Das Komma steht nach einem Nebensatz.
4. Das Komma steht vor einem Begleitsatz der wörtlichen Rede.
5. Das Komma steht nach einem Begleitsatz der wörtlichen Rede.

1 Lies den Text „Wie Schule Spaß macht".
Welche der Kommaregeln 1–5 trifft auf die Sätze zu?
Schreibe die Nummer der Regel jeweils hinter den Satz in die Klammer.

Wie Schule Spaß macht

Wenn Kordula Kupferschmidt von ihrem Musikunterricht erzählt, hält sie eine alte Bratpfanne in die Höhe, die mit dünnen Drahtseilen bespannt ist. (3, 1) „Eine super Gitarre", lobt die Lehrerin. (__) Die Pfannengitarre ist eines von 360 Instrumenten, die ihre Schüler im vorigen Schuljahr gebastelt haben. (__) „Das Lernen kann leichtfallen, wenn Schüler und Lehrer zusammen gute Ideen entwickeln", meint sie. (__) Im Dezember ist Frau Kupferschmidt mit dem deutschen Lehrerpreis ausgezeichnet worden, weil ihre Schüler zu Erfindern wurden und gleichzeitig komplizierte Theorien verstanden haben. (__) Wie Töne und Schallwellen erzeugt werden zum Beispiel. „Das ist ziemlich trockener Stoff, den man sonst lange erklären muss", sagt Kordula Kupferschmidt. (__) Wenn die Schüler selbst experimentieren, gelingt das Lernen gewissermaßen nebenbei. (__)

2 Lest mit eurem Partner, was Alicia über ihre Schulprobleme sagt.
Erklärt euch gegenseitig die Kommas.

Warum muss hier ein Komma stehen?

Alicia: Die sechste Klasse war besonders schwer für mich. Obwohl ich viel gelernt habe, habe ich trotzdem manchmal schlechte Noten geschrieben. Nachdem ich aus der Schule zurück war, saß ich oft jeden Tag noch bis spätabends am Schreibtisch. Das passiert mir jetzt nicht mehr so oft, weil ich Wochenpläne mache, in denen ich meine Lernzeiten festlege. Ich plane auch ab und zu Zeit für schöne Sachen ein: ein Treffen mit Freunden, ein Kinobesuch oder Musik hören. Seit ich diese Pläne mache, kann ich meine Zeit besser einteilen.

→ *Hinweise auf alle Satzzeichen findest du im Schülerband, S. 295.*

3 Bearbeitet den folgenden Text wie in Aufgabe 2:

Chiara: Ich hatte vom ersten Schuljahr an schlimme Probleme mit Mathe, obwohl ich in allen anderen Fächern gut war. Im zweiten Schuljahr ist meine Mutter mit mir zum Schulpsychologen gegangen. Ich habe eine Rechenschwäche, die viele Kinder haben. Sie sind viel langsamer im Rechnen und können Mathe einfach schlechter verstehen. Ich war froh, weil ich endlich wusste, was mit mir los ist. Bevor ich beim Psychologen war, dachte ich, ich wäre dumm. Die Lerntherapie, die der Psychologe verordnet hat, hat mir geholfen. Nachdem ich die Therapie gemacht hatte, hatte ich keine Angst vor Zahlen mehr.

Überprüfe dein Wissen und Können

Zeichensetzung

1 Lest den folgenden Text. An den gelb markierten Stellen fehlen Satzzeichen. Setzt die fehlenden Satzzeichen ein und vergleicht eure Lösungen.

Wie peinlich!

Eiskalte Hände ▢ knallroter Kopf ▢ das Herz rast wie verrückt: Was ist mit unserem Körper los, wenn wir etwas Unangenehmes erleben ▢ Wieso schämen wir uns ▢ Und: Ist das peinliche Gefühl vielleicht auch zu etwas gut ▢

Wie konnte das passieren ▢ Du wusstest doch ▢ dass alle auf dem Ausflug schwimmen gehen und du deine Badesachen brauchst. Ständig vergisst du irgendetwas ▢ Die anderen sind schon in der Umkleide verschwunden. Nur du stehst noch dumm rum. ▢ Was ist ▢ ▢ ▢ fragt jemand ▢ Du guckst zu Boden. ▢ Hab meine Badesachen vergessen ▢ ▢ – ▢ Dann geh doch nackig schwimmen ▢ ▢ ▢ ruft einer der Jungs. Und seine Freunde kichern. Auch das noch ▢ Allein bei der Vorstellung würdest du am liebsten im Erdboden versinken ▢ Du fühlst dich plötzlich sehr einsam ▢ dein Herz wummert ▢ Fehlt bloß noch, dass du jetzt vor den anderen eine rote Birne kriegst ▢

2 Lies, wie der Text weitergeht.
a) Markiere alle Relativpronomen und Konjunktionen.
b) Unterstreiche alle Nebensätze.
c) Füge zwischen den Haupt- und Nebensätzen die fehlenden Kommas ein.

Fast jeder hat so etwas schon erlebt: eine Situation in der man sich schämt. Man schämt sich weil man in Biologie etwas nicht weiß und eine Antwort gibt die alle anderen amüsiert. Man schämt sich weil einem der Hosenladen offen steht und jemand einen Witz darüber macht. Man schämt sich weil man bei einer Lüge ertappt wird oder man drei Meter gegen den Wind nach Knoblauch riecht. Wir schämen uns wenn wir uns bloßgestellt fühlen. Es schämen sich auch viele weil sie sich zu dünn oder zu dick finden - auch wenn das nicht stimmt. Anderen ist es peinlich wenn sie nicht die Klamotten tragen die gerade cool sind. Der Körper reagiert bei diesem Gefühl so ähnlich wie bei Angst. Die Kommandos gibt das Gehirn, ohne dass wir es beeinflussen können: Pulsschlag erhöhen! Atmung steigern! Muskeln durchbluten! So macht sich unser Körper bereit zur Flucht und drosselt alle Funktionen die dafür nicht notwendig sind. Es gelangt weniger Blut in die Verdauungsorgane: So machen wir uns manchmal vor Angst beinahe in die Hose! Weil die Finger schlechter durchblutet sind werden sie kalt. Gleichzeitig schüttet der Körper Adrenalin aus. Es ist ein Stoff der uns in Alarmbereitschaft versetzt und Kräfte mobilisiert. Dadurch weiten sich unter anderem die feinen Blutgefäße in unseren Wangen: Wir werden rot!

Fehler berichtigen – Übungsschwerpunkte entdecken

1 In der Spiegelgeschichte findest du 12 Rechtschreibfehler. Kennzeichne sie:

Wenn ich in den Spiegel sehe

Wenn ich mich so im spiegel ansehe, kann ich nicht viel gutes an mir entdecken. Meine Haare sind immer total lockich und lasen sich überhaupt nicht bändigen. Und dieses blau der Augen erst! Wer will das schon sehen. Wenn ich ganz genau hingucke, ist meine Nase zu schmall und nicht so richtich gerade. Außerdem wünsche ich mir, das meine zahnspange entlich verschwindet. Ich weiß also überhaupt nicht, warum Julian mich in der letzten Zeit so komisch ansiet, als würde ich ihm gefalen.

2 Berichtige die Rechtschreibfehler:
- Suche zu den Nomen einen passenden Begleiter und ein weiteres Beispiel:
  etwas Unbekanntes (nichts Neues, viel Böses)
- Zerlege falsch geschriebene Wörter, verlängere sie oder leite sie ab; suche außerdem verwandte Wörter:
  hasst – wir has-sen (der Hass, hässlich)
  der Korb – die Kör-be (Korbflechter, Korbstuhl)
- Suche bei dass-Satz-Fehlern das zugehörige Bezugsverb und korrigiere das falsch geschriebene *dass*: *Ich wusste ... nicht, dass es ... war.*

3 Übernimm die berichtigten zwölf Fehlerwörter in die erste Spalte des Analysebogens. Ergänze die beiden anderen Spalten.

→ *Nimm die Tipps aus dem Schülerband, S. 251, zu Hilfe.*

Berichtigte Fehlerwörter	Welches Rechtschreibproblem stellte sich?	Was kann ich tun, um den Fehler zu vermeiden?
Spiegel	*groß oder klein?*	*Tipp 10: Signal: Artikel das*

4 Im ersten Teil des folgenden Textes sind in einigen Wörtern Buchstaben hervorgehoben. Notiere darüber, mit welchen Tipps du Fehler an dieser Stelle vermeiden kannst.

Stachelputz

Es war ein Fehler, dass ich mir selbst die Haare geschnitten habe. Hinterher musste ich doch zum Frisör gehen. Denn mit der eigenen Schnippelarbeit konnte ich nicht glücklich werden, da ich mich fast um meine ganze Haarpracht gebracht hatte. Als ich dann vom Frisör nach Hause kam, sah ich mir das Unglück auf meinem Kopf genau an. Zufrieden war ich nicht gerade, weil auch der beste Fachmann mit meinen genialen Vorbereitungen meine Frisur nicht retten konnte. Es war ihm nichts anderes übrig geblieben, als mir einen kurzen Stachelputz zu verpassen.
Was aber werden meine Freundinnen sagen, wenn sie mich Morgen in der Schule so sehen? Am besten ist, das man sich eine Baseballmütze kauft. Also besorkte ich mir eine und setzte sie schön verkehrt auf, wie es sich gehört. Dass ließ sich ertragen, obgleich es eigendlich nicht zu mir paßte. Die überraschung am nächsten tag war aber perfekt, als alle mir auf die Schulter klopften, nachdem sie mir die Kappe vom Kopf gerißen hatten. Obgleich ich es nicht für möklich gehalten hatte, das so etwas eintreten könnte, fanden sie meine Frisur richtik cool.

5 Der zweite Teil enthält einige Fehler. Berichtige sie auf einem Zusatzblatt. Unterhalte dich mit einem Partner, wie man sie vermeiden kann.

Verwandte Wortformen suchen

Rechtschreiben üben – Strategien anwenden

1 Begründe das ä und äu in den folgenden Wörtern, indem du ein verwandtes Wort mit a oder au hinzuschreibst.

> **Die Dächer** *kommt von* **Dach**, *deshalb mit ä.* **Die Bäuche** *kommt von* **Bauch**, *deshalb mit äu.*

Die Fäulnis kommt von ______________, ***der Räuber*** von ______________,

räuchern von ______________, ***schälen*** von ______________,

mächtig von ______________, ***der Stängel*** von ______________,

schäumen von ______________, ***das Gebäude*** von ______________.

2 äu oder eu? Schreibe die Wörter ins Heft, die du von einem Wort mit au ableiten kannst. Es sind acht Wörter:

f??cht s??bern die Schl??der der Br??tigam d??ten das Ger??sch das Abent??er h??fig die K??le s??erlich das St??er h??len die Sch??ne der Wiederk??er zerst??ben der S??gling die ??le

3 ä oder e? Schreibe nun die Wörter auf, die du von einem Wort mit a ableiten kannst. Es sind ebenfalls acht Wörter:

Zw?rg l?cheln str?ng schw?chlich ?rmlich H?rz n?hen ?ng t?glich ?hrlich die W?sche schn?ll kr?nklich ?ndlich die G?ste der Tr?cker

Viele Adjektive sind von Nomen abgeleitet. Sie haben als Bausteine dann oft den Wortbaustein -ig, -lich oder -isch als Endung.

4 Bilde zu den Nomen Adjektive. Beispiel: *der Appetit: appetitlich – ein appetitliches Essen*. Bearbeite diese Aufgabe im Heft.

der Appetit der Bart die Blume der Bruder der Dreck die Falte die Farbe die Frage die Geduld das Glück der Grund das Haar der Körper die Made der Mund die Neugier der Schmerz der Schnitt der Tod der Zorn

5 Bilde aus den folgenden Wörtern Adjektive mit der Endung -ig. Beispiel: *fallen – fällig*. Bearbeite die Aufgabe im Heft.

fallen voll der Nebel der Stachel der Wille der Winkel das Mehl

6 Bilde aus den folgenden Wörtern Adjektive mit der Endung -isch. Beispiel: *höllisch – eine höllische Qual*. Bearbeite diese Aufgabe im Heft.

die Hölle der Teufel der Bauer die Technik das Tier das Heim das Kind die Musik

wortstark 7
Werkstattheft

Name: ______________________________

Lösungsteil

Seite 8:

1 Überzeugende Beiträge
– Nr. 3 (Hausmeister), weil er die Verantwortung trägt gegenüber der Gemeinde.
– Nr. 4 (Paul), weil er begründet, dass die Heizung oft zu früh oder zu spät ein- bzw. ausgeschaltet wird.
– Nr. 5 (Anna), weil sie ein Beispiel (Kälteeinbruch) anführt und beschreibt, welche Folgen das im Unterricht hatte.
– Nr. 7 (Lehrerin Rühmkorb), weil es dann oft Streit unter Schülern gibt, wenn sie selbst bestimmen dürfen.
– Nr. 10 (Bürgermeister), weil die Gemeinde sparen muss.
– Nr. 14 (Anna), weil sie den Schüler-Lichtdienst anführt, der sich für sparsames Umgehen mit Energie einsetzt.

Nicht überzeugende Beiträge
– Nr. 1 (Hausmeister), weil die Begründung nicht überzeugt – die Zeiten ändern sich doch.
– Nr. 12 (Bürgermeister): Natürlich kann man das vergleichen: Teure Teppiche kaufen, aber an den Heizkosten sparen!

Beiträge, die den anderen Standpunkt abwerten
– Nr. 8 (Hausmeister): Verallgemeinert das Verhalten von Schülern ungerechtfertigt.
– Nr. 9 (Lehrer Hänsel): Macht sich lustig über die Intelligenz der Schüler, verallgemeinert damit, dass Schüler ja auch verantwortungslos Hefte wegschmeißen.

Beiträge, die ein Gegenargument widerlegen
– Nr. 14: Anna widerlegt den Vorwurf von Herrn Hänsel, dass Schüler gedankenlos Energie verbrauchen (offenstehende Fenster). Sie weist auf die Verantwortung der Schüler hin (Lichtdienst, Umwelt-AG).

Beiträge, die an ein vorgetragenes Argument anknüpfen
– Nr. 5: Ich möchte Pauls Argumente mit einem Beispiel verdeutlichen ...
– Nr. 7: Ich möchte noch einmal auf Annas Argument ... zurückkommen ...
– Nr. 11: Da bin ich allerdings anderer Meinung ...
– Nr. 13: Dazu möchte ich gern noch etwas sagen ...
– Nr. 14: Herr Hänsel, Ihren Beitrag finde ich nicht fair ...

Seite 12:

1 Mögliche Markierungen:
Hallo Frau Brandes,
wir finden es doof, dass Sie sich nicht für eine Aufsicht auf den Schultoiletten einsetzen wollen. Schließlich ist diese coole Idee nicht neu und einige Schulen haben damit schon gute Erfahrungen gemacht. Wir haben mal im Internet gesucht und einige Schulen gefunden, die man nach ihren Erfahrungen fragen könnte. Außerdem muss die Schule ja gar nicht so viel Knete dafür bezahlen. Denn einen großen Teil der Kosten können die Schüler selbst bezahlen.

Seite 13:

2 Beispiele oder Beweise zur Verdeutlichung des letzten Arguments könnten sein:
– Der Hausmeister beschwert sich immer wieder über Verschmutzungen.
– Toilettenpapier wird abgerollt/verstreut.
– Es wird mit Wasser gespritzt.
– Spiegel werden verschmiert.

Mögliche weitere Argumente:
– Man ist sicherer vor aggressiven/aufdringlichen Mitschülern.
– Beschädigungen werden vermieden.
– Kosten für aufwändige Reinigung/Reparaturen werden vermieden.

Seite 15:

2 Mögliche Unterstreichungen:

Von Mitschülern verprügelt
Wochenlang wurde eine Schülerin der Schweitzerschule von einigen Mitschülerinnen immer wieder erpresst und verprügelt. Der Vorfall wurde nur bekannt, weil sich schließlich ein mutiger Klassenkamerad der Schulleiterin anvertraute. Fünf Schülerinnen aus der Klasse 9 hatten dem Opfer mehrfach nach Schulschluss aufgelauert und Geld oder „Geschenke“ erpresst. Wenn sie nichts bekamen, schlugen und traten sie sofort ohne Gnade zu. Das Mädchen war so eingeschüchtert, dass es nicht wagte, irgendjemandem etwas davon zu erzählen.
Selbst ihre Eltern und Lehrer bemerkten die ganze Zeit nichts. Wenn sie sich an manchen Tagen nicht zur Schule traute, täuschte sie eine Krankheit vor. Es ging manchmal sogar so weit, dass die Schülerin aus Angst den Eltern kleinere Geldbeträge entwendete oder Ladendiebstähle beging.
Nachdem die Polizei eingeschaltet worden war, gestanden die Fünf ihre Taten. Sie wurden sofort vom Unterricht ausgeschlossen. Einige der erpressten Gegenstände konnten sichergestellt werden

Gewalt an Schulen – Sehen alle weg?
Immer wieder liest und hört man in letzter Zeit von gewalttätigen Übergriffen an Schulen. Meistens sind es die eigenen Klassenkameraden oder ältere Schüler, die sich ein Opfer aus den eigenen Reihen suchen, oft ein unauffälliges, ruhiges Kind, das sich nicht wehren kann. Die Gewalt, die sie anwenden, hat viele Gesichter. Es beginnt schon damit, dass jemand in der Klasse ausgegrenzt, im Internet oder per Handy gemobbt wird oder dass er sich ständig beleidigende Bemerkungen anhören muss. An der Schweitzerschule wurde in einem Fall auch körperliche Gewalt angewendet, aus „Spaß“, um eine Mitschülerin zu quälen und zu unterdrücken. Die Täter gingen dabei so geschickt vor, dass sie nicht leicht entdeckt werden konnten. Wer von den Mitschülern doch etwas mitbekam, sah weg oder traute sich aus Angst nicht, etwas zu sagen. „Wenn man ahnt, dass an der Schule so etwas läuft, muss man die Schüler ermutigen, darüber zu reden“, sagt Frieda K., Schulleiterin der Schweitzerschule. „Man muss ihnen gleichzeitig aber auch die Sicherheit bieten können, dass sie vor weiteren Übergriffen geschützt werden.“ Gute Erfahrungen machte sie dabei mit der Zusammenarbeit mit Polizei und Jugendamt.

3 Mögliche Ergänzungen zum Stichwortzettel:
– Opfer schweigen aus Angst
– Opfer: oft Kinder, die sich nicht wehren können
– Mitschüler sehen weg, haben Angst
– Erpressung, Prügel, Ausgrenzen, Beleidigungen
– Täter nicht leicht zu entdecken (geschickt)
– Polizei findet Täter
– Ausschluss vom Unterricht
– Schulleitung: Schüler zum Reden ermutigen, Sicherheit bieten
– Zusammenarbeit mit Polizei und Jugendamt

Seite 16:

5 Mögliche Unterstreichungen (Präteritum unterstrichen, Präsens grau unterlegt):
Wenn man wieder einmal von einer Prügelei oder Erpressung an einer Schule liest oder hört, gibt es immer dieselbe Diskussion: Wie ist so etwas möglich? Das muss man doch merken! Dagegen muss was getan werden!
Vor Kurzem wurde an der Schweitzerschule ein Mädchen wochenlang erpresst und geschlagen ...
Lehrer und Schulleitung müssen den Zeugen und Opfern Sicherheit geben, dass ihnen nicht noch mehr passieren kann. Vielleicht finden dann mehr Schülerinnen und Schüler den Mut, gemeinsam etwas gegen Gewalt an der Schule zu unternehmen.

Von Mitschülern verprügelt
Wochenlang wurde eine Schülerin der Schweitzerschule von einigen Mitschülerinnen immer wieder erpresst und verprügelt. Der Vorfall wurde nur bekannt, weil sich schließlich ein mutiger Klassenkamerad der Schulleiterin anvertraute. Fünf Schülerinnen aus der Klasse 9 hatten dem Opfer mehrfach nach Schulschluss aufgelauert und Geld oder „Geschenke“ erpresst. Wenn sie nichts bekamen, schlugen und traten sie sofort ohne Gnade zu. Das Mädchen war so eingeschüchtert, dass es nicht wagte, irgendjemandem etwas davon zu erzählen.
Selbst ihre Eltern und Lehrer bemerkten die ganze Zeit nichts. Wenn sie sich an manchen Tagen nicht zur Schule traute, täuschte sie eine Krankheit vor. Es ging manchmal sogar so weit, dass die Schülerin aus Angst den Eltern kleinere Geldbeträge entwendete oder Ladendiebstähle beging.
Nachdem die Polizei eingeschaltet worden war, gestanden die Fünf ihre Taten. Sie wurden sofort vom Unterricht ausgeschlossen. Einige der erpressten Gegenstände konnten sichergestellt werden

Gewalt an Schulen – Sehen alle weg?
Immer wieder liest und hört man in letzter Zeit von gewalttätigen Übergriffen an Schulen. Meistens sind es die eigenen Klassenkameraden oder ältere Schüler, die sich ein Opfer aus den eigenen Reihen suchen, oft ein unauffälliges, ruhiges Kind, das sich nicht wehren kann. Die Gewalt, die sie anwenden, hat viele Gesichter. Es beginnt schon damit, dass jemand in der Klasse ausgegrenzt, im Internet oder per Handy gemobbt wird oder dass er sich ständig beleidigende Bemerkungen anhören muss. An der Schweitzerschule wurde in einem Fall auch körperliche Gewalt angewendet, aus „Spaß“, eine Mitschülerin zu quälen und zu unterdrücken. Die Täter gingen dabei so geschickt vor, dass sie nicht leicht entdeckt werden konnten. Wer von den Mitschülern doch etwas mitbekam, sah weg oder traute sich aus Angst nicht, etwas zu sagen. „Wenn man ahnt, dass an der Schule so etwas läuft, muss man die Schüler ermutigen, darüber zu reden“, sagt Frieda K., Schulleiterin der Schweitzerschule. „Man muss ihnen gleichzeitig aber auch die Sicherheit bieten können, dass sie vor weiteren Übergriffen geschützt werden.“ Gute Erfahrungen machte sie dabei mit der Zusammenarbeit mit Polizei und Jugendamt.

6 Wichtige Stellen, die Nino ausgelassen hat:
– Aus Text A:
Wochenlang wurde eine Schülerin der Schweitzerschule von einigen Mitschülerinnen immer wieder ... verprügelt.
Fünf Schülerinnen aus der Klasse 9 hatten dem Opfer mehrfach nach Schulschluss aufgelauert und Geld oder „Geschenke“ erpresst. Wenn sie nichts bekamen, schlugen und traten sie sofort ohne Gnade zu.
Nachdem die Polizei eingeschaltet worden war, gestanden die Fünf ihre Taten. Sie wurden sofort vom Unterricht ausgeschlossen.
– Aus Text B:
Die Täter gingen dabei so geschickt vor, dass sie nicht leicht entdeckt werden konnten.

Überflüssiges/zu Ausführliches in Ninos Text ist grau markiert, Unsachliches und unpassende Spannungsmacher sind unterstrichen:

Sie erpressten das Mädchen immer. Dann auf einmal schlugen sie plötzlich zu. Die Täter wählten sich eine unauffällige Mitschülerin aus, die sich nicht gut wehren konnte. Um nicht zur Schule zu müssen, täuschte sie manchmal Krankheiten vor. Mal sagte sie, dass sie Bauchschmerzen hätte, mal Kopfschmerzen oder sie hielt das Fieberthermometer in heißes Wasser, um Fieber vorzutäuschen. Sie erzählte aber vor lauter Angst niemandem etwas. Plötzlich kam die Lösung und ein Mitschüler erzählte alles der Schulleiterin. Die schaltete die Polizei ein. Die Schulleiterin der Schweitzerschule ist der Meinung, dass man die Schüler ermutigen muss, darüber zu reden, wenn man glaubt, dass an der Schule so etwas läuft.

Seite 19:

2 Die richtige Reihenfolge ist: 7 – 4 – 5 – 9 – 2 – 6 – 1 – 10 – 3 – 8.

Seite 22:

1 Richtig sind die Aussagen 1, 4, 5 und 6.
Bei Aussage 2 müsste es „Park“ statt „Turnhalle“ heißen; bei Aussage 3 wäre „Ede“ statt „Mirco“ richtig.

Seite 24:

1 Lösungsbeispiel:
– 1. Abschnitt (Z. 1–9): Eisbären können keine Robben mehr jagen
– 2. Abschnitt (Z. 9–14): Wo die Eisbären leben
– 3. Abschnitt (Z. 14–20): Befürchtungen der Wissenschaftler: Keine Eisbären mehr in freier Wildnis

2 Zu unterstreichen sind die Zeilen 1–5: „Durch die Erderwärmung (...) eher selten.“

Eisbären fressen am liebsten Robben, die sie im Packeis jagen. Das Problem besteht nun darin, dass sie ihre Ernährungsgrundlage verlieren, wenn das Packeis schmilzt.

Seite 25:

3 Zu unterstreichen sind die Zeilen 5–9: „Bis Mitte des (...) fortzupflanzen.“ und das Fettgedruckte am Anfang des Textes.

Der Autor denkt, dass bis Mitte des Jahrhunderts fast die Hälfte des arktischen Lebensraums der Eisbären verschwunden sein wird. Das ist schlimm für die Eisbären, weil sie diesen Lebensraum brauchen, um zu jagen und sich fortzupflanzen.

4 Die Wissenschaftler befürchten, dass es in Alaska deshalb bald gar keine Eisbären mehr geben wird.
Sie denken, dass Eisbären bald nur noch im Zoo leben werden.

5 Lösungsvorschlag:
Wenn der Autor lediglich informieren wollte, würde er nur Informationen auflisten. Der Autor drückt aber auch seine Meinung und seine Gefühle aus, wenn er z. B. schreibt: „Armer Eisbär!“, „Hilfe, die Eisbären sterben aus!“ oder „Das ist fast nur noch die Hälfte!“.

6 Lösungsvorschläge:
– Klimawandel bedroht Eisbären
– Lebensraum der Eisbären durch den Klimawandel in Gefahr
– Eisbären bald nur noch im Zoo?

7 1. Auf dem Bild sieht man einen Eisbären, der auf einer Liege liegt. Über dem Eisbär brennt die Sonne. Der Eisbär hat seine Sonnenbrille auf, trinkt an einem Getränk und hält einen Sonnenschirm in der Hand. Die Liege des Eisbären steht auf einer kleinen Eisscholle. In der Gedankenblase steht: „Ich werde mich wohl umstellen müssen…“

2. Die Karikatur weist auf die Auswirkungen des Klimawandels auf den Lebensraum und die Lebensbedingungen des Eisbären hin.
3. Zum einen erscheint die Eisscholle, auf der der Eisbär lebt, sehr klein zu sein. Dies zeigt, dass der natürliche arktische Lebensraum des Eisbären immer kleiner wird bzw. zu verschwinden droht. Gleichzeitig wird deutlich, dass der Eisbär nicht in der Lage ist, mit den zunehmenden Temperaturen umzugehen. In der Karikatur versucht sich der Eisbär noch mit Schirm, Brille und Getränk zu kühlen, doch nicht einmal das hilft. Wenn er weiterleben möchte, muss sich der Eisbär umstellen. Dies deutet auch darauf hin, dass der Klimawandel, der durch die Sonne verkörpert wird, nicht einfach wieder rückgängig gemacht werden kann.
4. Der Karikaturist möchte mit dieser Karikatur auf den Klimawandel und seine Auswirkungen auf die Natur, in diesem Fall auf die Gefahren für die Eisbären aufmerksam machen. Der Betrachter soll die Gefahr erkennen, dass der Klimawandel für Eisbären lebensbedrohlich ist.

Seite 26:

1 In diesem Schaubild geht es um die möglichen Folgen des Klimawandels.

2 Das Schaubild enthält:
- eine Weltkarte
- Beispielfotos für Naturkatastrophen
- eine Grafik (Legende), die die Erwärmung der einzelnen Gegenden mit verschiedenen Farben zeigt,
- eine Legende zu den möglichen Naturkatastrophen
- einen einleitenden Text (Das Wetter von morgen) und Beitexte, was jeder gegen die Klimaverschlechterung tun kann.

3 Die Farben zeigen/geben an, um wie viel Grad sich die Temperatur in den jeweiligen Teilen der Erde erhöhen würde.
Die Symbole weisen auf mögliche Gefahren und Folgen hin: Sie sind dort eingetragen, wo es durch die klimatischen Veränderungen zu Waldbränden (Feuersymbol), Wasserknappheit (Tropfen), Eisschmelze (Eisberg), Überflutung (Wellen) oder tropischen Stürmen (Spirale) kommen kann.
Die Fotos zeigen ein konkretes Beispiel für eine der möglichen Naturkatastrophen.

4

Kontinent	mögliche Folgen/Gefahren	Beispiel/Foto
Nordamerika	Waldbrände	Brandbekämpfung in Kalifornien
Südamerika	Waldbrände tropische Stürme	Hurrikan über Kuba
Europa	Eisschmelze (Grönland → DK) Überflutung Wasserknappheit Waldbrände	Eisberg vor Grönland
Afrika	Waldbrände Wasserknappheit	
Asien	Wasserknappheit Überflutung Tropische Stürme	ausgetrockneter Boden in Indien Überschwemmung auf den Philippinen
Australien	Waldbrände	

Seite 27:

5 Der Autor will auf mögliche Folgen des Klimawandels aufmerksam machen.

7 Lösungsvorschlag:
Das Wetter von Morgen
Das Wetter von Morgen wird ganz anders aussehen als heute. Dies liegt an der Klimaerwärmung: Bis zum Jahre 2060 hat sich die Durchschnittstemperatur der Erde voraussichtlich um 4°C erhöht. Gerade in den kalten Regionen im Norden und Süden wird es deutlich wärmer sein, sodass dort das Eis schmelzen wird. Dadurch aber steigt der Meeresspiegel und es kommt zu Überschwemmungen. In den bislang wärmeren Gebieten dagegen wird es richtig heiß sein. Das bedeutet, dass es dort oft zu wenig Wasser gibt. Außerdem besteht die Gefahr, dass Waldbrände ausbrechen. Durch den Klimawandel wird das Wetter von Morgen also richtig gefährlich.

8 Was wir selbst gegen die Klimaerwärmung tun können:
- Standby-Funktion an Elektrogeräten ausschalten,
- schnelleres Duschen,
- weniger Fleisch essen, um die energieaufwendige Herstellung von Dünger für Futtermittel zu reduzieren,
- beim Verlassen des Zimmers Licht ausschalten,
- öfter mit dem Fahrrad fahren,
- ...

9 Lösungsvorschlag:
Der Klimawandel geht uns alle an!
Die Welt unterliegt dem Klimawandel und das betrifft uns alle! Die Folgen werden überall spürbar sein: In der Antarktis und in Grönland, wo die Temperaturen am stärksten ansteigen, wird das Eis schmelzen. Dies führt zu Überflutungen in England, den Niederlanden aber auch in vielen Gegenden Asiens (z. B. in Bangladesch). In anderen Gegenden der Welt kommt es zu Waldbränden (Südosteuropa), zu Wasserknappheit (Indien) und zu tropischen Stürmen.
Wir müssen jetzt handeln und jeder von uns kann etwas dagegen tun ... (vgl. Aufgabe 8).

Seite 28:

2 Lösungsvorschlag:

Pinguine

Verhalten
- ausdauernd
- marschieren weit
- tauchen elegant und tief
- gute Eltern
- vorsichtig

Nahrung
- Fische
- Krebse
- Tintenfische

Brüten/Fortpflanzung
- ein Ei
- Pinguin-Vater brütet wochenlang
- nach dem Schlüpfen wechseln sich die Eltern ab
- Vorräte im Bauch

Lebensraum
- auf dem Eis im Polarmeer
- im Wasser

Feinde
- Raubwale, Seeleoparden
- der Mensch

3 begaffen: jemanden (neugierig/aufdringlich) anstarren
gut zu Fuß sein: gut gehen/laufen können
festes Eis unter den Füßen brauchen: angelehnt an die Redensart „festen Boden unter den Füßen haben" (eine sichere/feste Grundlage haben)
verloren sein: am Ende sein/hoffnungslos sein/sterben müssen
sich den Bauch vollschlagen: sehr viel essen
auf der Hut sein: vorsichtig sein
Das wäre der Untergang: Das wäre das Ende der Pinguine/die Pinguine würden aussterben

4 „Klar, wir Pinguine sehen niedlich aus"
„Wir können weder fliegen, noch sind wir gut zu Fuß, aber dafür sind Pinguine ausdauernd."
„Wir Pinguine sind die besten Tiereltern der Welt."
„Wir fliegen durchs Wasser, so elegant wie andere Vögel durch die Luft."

Seite 29:

5 Die Pinguine äußern sich in den Texten „Genervt“ und „Was uns Angst macht“ über die Menschen.

Kritik an den Menschen	Forderung an die Menschen
– Bootsladungen mit Touristen – Kreuzfahrtschiffe, lärmende Hubschrauber – Touristen stören die Pinguine – Menschen fördern den Klimawandel und gefährden den arktischen Lebensraum und die Futtergründe der Pinguine	– Lasst uns endlich in Ruhe! – Kein Massentourismus in der Antarktis! – Hört auf mit dem Lärm! – Tut etwas gegen den Klimawandel! – Helft uns, unseren Lebensraum zu erhalten!

6 Da der Autor die Perspektive der Pinguine einnimmt, versetzt sich auch der Leser eher in die Situation der Pinguine. Der Leser wird somit emotional stärker berührt und setzt sich eher mit der Situation der Pinguine auseinander als durch einen nüchternen, sachlichen Text.

7 Als Informationen können u. a. genannt werden:
– Die Pinguine sind durch den Klimawandel bedroht, da ihr Lebensraum verschwindet und ihre Nahrungsquellen versiegen.
– Die Pinguine selbst können gegen diesen Klimawandel nichts ausrichten.
– Die Schuld am Klimawandel liegt bei uns Menschen.
– Wir Menschen haben die Verantwortung dafür, die klimatischen Veränderungen möglichst gering zu halten, um auch das Fortbestehen der Pinguine zu sichern.

Seite 30:

2 Folgende Sätze passen zum Inhalt der Geschichte:
– Als der Wasserhahn geschlossen war, sah er wieder sein normales Gesicht.
– Er hat sich mit dem heißen Wasser verbrannt.

Seite 31:

3 Mögliche Unterstreichungen (Philis: schwarz, Jost: gestrichelt):

Ein erschreckender Anblick
Als Herr Direktor J., bevor er von zu Hause wegging, noch rasch in den Spiegel seines Korridors schaute, erschrak er.
Sein Anzug war zwar in Ordnung, auch die Krawatte saß, aber dort, wo sonst sein Gesicht war, sah er einen Wasserhahn.
Das muss eine Täuschung sein, dachte Herr J. und wollte sich ins rechte Ohr kneifen, aber stattdessen drehte er das heiße Wasser auf, das sich nun in einem vollen Strahl auf sein Hemd ergoss.
Mit einem Aufschrei schloss er den Hahn wieder und in dem Moment sah er, dass er sich wirklich getäuscht hatte – im Spiegel war sein normales Gesicht, und auch als er es mit den Händen abtastete, änderte sich nichts mehr, von einem Wasserhahn konnte keine, Rede sein.
Beruhigt wandte sich Herr Direktor J. der Türe zu, da merkte er, dass er so nicht gehen konnte. Sein Anzug war durch und durch nass und unter dem Hemd spürte er einen brennenden Schmerz, der langsam stärker wurde.

4 Das könnte Philis noch sagen:
Auch am Schluss wird noch einmal umgeschaltet, diesmal von der normalen Welt wieder in die Fantasiewelt. Und man muss etwas nachdenken, was das wohl zu bedeuten hat.

Seite 32:

1 a) Das Plakat ruft dazu auf, sich für Arme einzusetzen, zu spenden, die Hilfsorganisation MISEREOR zu unterstützen.
b) „Mit Zorn und Zärtlichkeit an der Seite der Armen“, „Gott kann nicht alles regeln“
c) Eine lächelnde Nonne mit schwarzer Kopfbedeckung, dagegen der gesamte Hintergrund in Gelb.

2 a) Leuchtend gelber Hintergrund, dazu im Kontrast die schwarze Kopfbedeckung der Nonne und die weinroten Schriftzüge (Misereor, Gott kann nicht alles regeln ...).
b) Eine Nonne ist ein überzeugender Werbeträger, weil ihr Leben durch Enthaltung, Bescheidenheit, Verzicht und Barmherzigkeit anderen gegenüber geprägt ist.
c) – „Uns“ meint „uns Menschen“, „uns alle“; die Betrachter werden mit einbezogen, direkt angesprochen.
– „Mit Zorn und Zärtlichkeit“: Gegensätze durch gleiche Anfangsbuchstaben verbunden (Alliteration: Zorn – Zärtlichkeit); „Zorn“ gegenüber der Haltung gleichgültiger, reicher, unbarmherziger Menschen, „Zärtlichkeit“ sinnbildlich für Wärme und Zuwendung.
– „Helfen Sie mit!“ Satzart: Aufforderungssatz, Appell, direkte Ansprache der Betrachter.
d) Nonne als Werbeträgerin, die als „Fachfrau“ darauf hinweist, dass Gott nicht alles regeln kann, dass alle etwas tun müssen.

Seite 36:

Thema: Brand auf Schiff: Rettungsversuch durch Steuermann
Handlung/Ausgang: Brand bricht aus, Panik unter Passagieren, Steuermann hält aus trotz Lebensgefahr, steuert sterbend das Schiff auf den Strand, alle Passagiere gerettet, Steuermann tödlich verletzt, großer Trauerzug
Die Figuren: verängstigte Passagiere, todesmutiger Steuermann John Maynard, verantwortungsvoller Kapitän
Wie durch Sprache Spannung entsteht:
– Wörtliche Rede: Z. 2, 3–7, Z. 15, 17, 20, 28, Z. 34–38, Z. 40/41
– Wiederholungen: noch dreißig, zwanzig, fünfzehn ... Minuten, ein Qualm ... ein Qualm, am Bugspriet ... am Bugspriet; und ... und
– Bildhafte Ausdrücke: die Schwalbe fliegt über den Eriesee, alle Herzen sind frei, jagt er die Schwalbe mitten hinein
– Personifizierungen: die Stadt, die wie ein Mensch reagiert (*... sonst schweigt die Stadt ... Und mit goldner Schrift in den Marmorstein/Schreibt die Stadt ihren Dankspruch ein: ...)*
Worauf die Ballade hinweisen möchte: Es gibt Menschen, die das (Über)leben anderer Menschen über ihr eigenes Leben stellen, sich vorbildlich einsetzen für die Gemeinschaft.

Seite 37:

Theodor Storm
Ein grünes Blatt

Ein Blatt aus sommerlichen Tagen,
Ich nahm es so im Wandern mit,
Auf dass es einst mir möge sagen,
Wie laut die Nachtigall geschlagen,
Wie grün der Wald, den ich durchschritt.

4 Inhaltlicher Zusammenhang: In Zeile 1 und 2 erzählt das lyrische Ich, dass es im Sommer beim Wandern durch den Wald ein Blatt aufgesammelt und mitgenommen hat.
In den Zeilen 3 bis 5 wird begründet, warum dies geschehen ist bzw. woran das Blatt „einst“, d. h. heißt wohl im Winter, erinnern soll; ein grünes Blatt – Symbol für etwas Schönes, dessen Ende schon vorausgeahnt wird.

Sprachliche Mittel:
– Reimschema a-b-a-a-b
– Metrum: Jambus (unbetonte und betonte Silben im Wechsel: *wandern*)
– Satzstellung in Z. 1 und 2 zur Betonung von *Ein Blatt*
– Parallelismus in Z. 4 und 5 (*Wie laut – Wie grün*)
– Bildsprache (*sagen*)
– Vorstellungsbildung durch Aufgreifen der sinnlichen Wahrnehmung (*die Nachtigall hören – den grünen Wald sehen*).

Seite 38:

Franz Grillparzer
Diplomatischer Rat

Ein Marder fraß die Hühner gern,
Doch wusst' er nicht, wie sie erhaschen;
Er fragt den Fuchs, 'nen alten Herrn,
Dem Steifheit schon verbot das Naschen.
Der sagt ihm: „Freund, der Rat ist alt,
Was hilft zu zögern, brauch Gewalt!"
Der Marder stürmt in vollem Lauf,
Die Hühner aber flattern auf,
Die einen gackernd, kreischend jene,
Gerade in des Fuchses Zähne,
Der gegenüber lauernd lag
Und mühlos hielt den Erntetag.

Wenn du nach Hühnern lüstern bist,
Frag keinen, der sie selbst gern frisst.

3 Fabel in Form eines Gedichts; der schlaue (geschickte, gewitzte) Fuchs gibt einen Rat, der mehr ihm selbst nützt als dem Marder – eher „hinterlistig" als „diplomatisch", deshalb ist Überschrift möglicherweise ironisch gemeint.

Seite 39:

Juliane Kühne
Liebe

Fliegen können
jetzt
sich aus dem Fenster schwingen
zu den Baumwipfeln empor
in den blauen Himmel

gedankenleer und voll wahnsinniger Freiheit
Trauer und verrückt unendlicher Jubel

ich erwache
noch benommen von meinem Traum
ich öffne das Fenster und

atme tief in die Nacht
niemals werde ich fliegen können, denke ich

doch dann schwinge ich mich hinaus
weich und sanft schwebe ich
zu den Baumwipfeln empor
dem Himmel entgegen

und fliege ...

Seite 40:

1 Verben im Text: gehen über Bord, nutzen die Gelegenheit, schwimmen, entscheiden sich, erreichen die Küsten, schlagen einen Kurs ein, schmoren an südlichen Stränden, passieren die Beringstraße, schwimmen um Grönland herum, ziehen an Island vorbei, setzen sich in die USA ab, bleiben zurück, finden eine Seefahrt lustig, lassen sich treiben, erreichen die britischen Inseln, gehen an Land, quietschen fidel

2

Deutsch	Englisch	Französisch	Italienisch	Polnisch	Türkisch
Geschirrspülmaschine	dishwasher	lave-vaisselle	lavapiatti	płukarka	bulaşık makinası
Personenkraftwagen	car	voiture	autovettura	samochód	binek otomobili
Lastkraftwagen	motor truck	camion	autocarro	ciężarówka	kamyon
Windschutzscheibe	front shielt	pare-brise	parabrezza	przednia szyba	ön cam
Straßenverkehrsordnung	traffic regulations	législation routière	codice della strada	kodeks drogowy	trafik nizamnamesi
Stromversorgungsunternehmen	electricity supplier	entreprise d'exploitation et de distribution d'énergie	–	zakład energetyczny	–

Seite 41:

3

Synonyme	Mit dem Wort betont man besonders,
Spielzeugenten	dass Kinder damit spielen.
Plastiktiere Plastikenten Kunststoffviecher	dass sie aus einem bestimmten Material sind.
Weltenbummler	dass sie schon weit gereist und lange unterwegs sind.
Trupp der gelben Veteranen	dass sie wie eine Gruppe alter Soldaten unterwegs sind.
Entchen	dass die Enten klein und niedlich sind.
Quietschenten	dass sie Töne von sich geben, wenn man auf die drückt.
gefährliches Treibgut Kunststoffviecher	dass die Enten eine Gefahr für die Umwelt darstellen.
Kollegen	dass die Enten wie Freunde zusammengehören.

4 sie nutzen eine Gelegenheit, entscheiden sich, haben „Kollegen", sind gelbe Veteranen und Weltenbummler, setzen sich in die USA ab, finden eine Seefahrt lustig

5 Lösungsvorschlag:
Die Weltreise von 29 000 Plastikenten
Normalerweise tummeln sich die unsinkbaren Spielzeugenten in weit kleineren Gewässern. Doch als 1992 ein Containerschiff kippte, gingen 29 000 Quietschenten auf Weltreise.
Eine Armada von gelben Entchen, blauen Schildkröten und grünen Fröschen ist unterwegs auf den Weltmeeren. Die Plastiktiere überstanden Sturm und Wellen, reisten an die 30 000 Kilometer weit, wurden zu Tausenden an die Strände angespült und nicht wenige Weltenbummler verharren im ewigen Eis der Arktis.
Seit im Pazifik ein chinesischer Frachter in Seenot geriet und einen Teil seiner Ladung verlor und die Boxen im Wasser aufplatzten, sind die unsinkbaren und beinahe unzerstörbaren Kunststoffviecher auf großer Reise. Der Trip der gelben Entchen ist eine Sensation für Forscher: Die verlorenen gegangenen Enten liefern Wissenschaftlern wertvolle Hinweise über die Strömungsverhältnisse in den Weltmeeren.

Seite 42:

1 a) Eine Geschirrspülmaschine ist eine Maschine, die Geschirr spült.
b) Ein Personenkraftwagen ist ein Wagen, der Personen befördert.
Ein Lastkraftwagen ist ein Wagen, der Lasten befördert.
Eine Windschutzscheibe ist eine Scheibe, die vor Wind schützt.
Eine Straßenverkehrsordnung ist eine Ordnung, die den Straßenverkehr regelt.
Ein Stromversorgungsunternehmen ist ein Unternehmen, das die Menschen mit Strom versorgt.

3 Tatsächlich sind viele deutsche Wörter im Vergleich mit den anderen Sprachen sehr lang. Typisch für das Deutsche ist die Wortbildung aus Grundwort und Bestimmungswort.

Seite 43:

4 a) Personenwagen, Lastwagen, Verkehrsordnung
b) Schutzscheibe: Bei der Windschutzscheibe ist die Information enthalten, wovor die Scheibe schützt.
Stromunternehmen: Das Wort „Stromversorgungsunternehmen" enthält den Zweck der Stromerzeugung.

5 Personenkraftwagen: Pkw
Lastkraftwagen: Lkw
Straßenverkehrsordnung: StVO

6 SMV: Schülermitverantwortung
TÜV: Technischer Überwachungs-Verein
DLRG: Deutsche Lebens-Rettungs-Gesellschaft
ABS: Antiblockiersystem
EDV: Elektronische Datenverarbeitung

7 a) Der Knopf an der Mütze eines Kapitäns einer Donaudampfschifffahrtsgesellschaft
b) Ein Gesetz, das die Aufgaben zur Überwachung der Rindfleischettikettierung überträgt (regelt)
c) Die zur höheren Sicherheit beitragende Verlängerung der Zündschnur einer Feuerwerksrakete

Seite 44:

1 Z. 1–7: Anwachsen des Plastikmülls
Z. 8–16: Gefährdung durch Giftmüll
Z. 17–27: Erforschung der Umweltverschmutzung
Z. 28–30: Appell zum verantwortungsvollen Umgang mit Müll

2 Einschätzung – etwas einschätzen
Angaben – etwas angeben
Einwirkung – auf etwas einwirken
Unternehmen – etwas unternehmen
Auswirkungen – sich auf etwas auswirken
Ablagerungen – etwas ablagern/sich ablagern
Vergiftungen – etwas vergiften
Auswaschung – etwas auswaschen
Umgang – mit etwas umgehen

3 Umweltverschmutzung: die Umwelt verschmutzen
Nahrungsaufnahme: Nahrung aufnehmen/zu sich nehmen
Umweltschützer: jemand, der die Umwelt schützt
Forschungsreise: zu Forschungszwecken reisen

Seite 45:

1 Lösungsvorschlag:
Mein Baumhaus
Ein Versteck im Geäst, ein Reich hoch oben, vor aller Welt verborgen. Vielleicht wünschst du dir solch ein Baumhaus, ein Ort, von dem du auf die Welt hinabschauen kannst, der dein geheimer Treffpunkt wird.
Es gibt leider keine Anleitung zum Bauen, die immer passt, denn jedes Baumhaus ist so einzigartig wie der Baum selbst, der es beherbergt. Ein einfaches Häuschen zu zimmern, ist aber gar nicht so schwierig. Ganz ohne Hilfe von Erwachsenen geht es zwar nicht, und ein wenig handwerkliches Geschick ist auch nötig. Am wichtigsten aber ist ein geeigneter Baum.
Der sollte vor allem gesund sein. Schau dir den Baum genau an: Blättert die Rinde irgendwo ab? Hat er morsche Äste? Tragen einzelne Äste welke Blätter oder Nadeln? Erkennst du irgendwo dunkle Stellen am Stamm mit faulem Holz?
Wenn du alle diese Fragen mit Nein beantworten kannst, ist der Baum geeignet. Der zweite wichtige Punkt: Handelt es sich um einen stabilen Baum? Für einen großen Baum ist ein kleines Haus kein Problem. Aber auch ein weniger großer Baum kann ein Baumhaus tragen, wenn das Gewicht zusätzlich auf Stützen verteilt wird, die auf dem Boden stehen – der Stamm des Baumes darf aber auf keinen Fall dünner als ein Männeroberschenkel sein.

Seite 46:

1 Adjektive im Text: außergewöhnliche Orte, verschiedenen Ökosystemen, boreale Wälder (Wälder, die in der am nördlichsten gelegenen Vegetationszone der Erde liegen, in der das Wachstum von Wäldern noch möglich ist), schönen Stränden, interessante Städte, zahlreiche Museen, ethnische Fest, idealer Ausgangspunkt, zahlreiche Wildtiere, beeindruckende subarktische Pflanzenwelt, größten Landraubtiere, unvergessliche Tage

Adjektiv	Nomen, auf das sich das Adjektiv bezieht
außergewöhnliche	Orte
verschiedene	Ökosysteme
schöne	Strände
interessante	Städte
zahlreiche	Museen
zahlreiche	Wildtiere
beeindruckende, subarktische, boreale	Pflanzenwelt
größte	Landraubtiere

2 Der Autor will die Leser dazu aufrufen, die Region Manitoba zu besuchen.

3 Es handelt sich um die Textsorte „Reisewerbung". Dies wird deutlich an der positiv wertenden Darstellung der Region. Diese Wertung wird vor allem an den positiven Adjektiven deutlich. Eine endgültige Bestätigung findet sich im letzten Satz, in welchem schließlich auf den Reiseveranstalter hingewiesen wird.

Seite 47:

1 Lösungsvorschlag:
a) Beim Experimentieren mit entzündlichen Chemikalien hat der Mann einen Brand ausgelöst.
b) Da im Keller des Mannes weitere Chemikalien gelagert waren, musste ein Teil des Dorfes evakuiert werden. Außerdem wurden zwanzig Feuerwehrleute vorübergehend ins Krankenhaus gebracht, da sie den Qualm eingeatmet hatten.

2 Passivformen: wurde ... verletzt, wurde ... evakuiert, wurden ... gebracht, untersucht worden waren, wurden ... entlassen, wurden ... festgestellt

3 Der Autor schildert den Vorgang des Geschehens.

4 Lösungsvorschlag:
Im ersten Satz wird der Handelnde herausgestellt: Ein 50-jähriger Mann hat im Keller seines Hauses bei einem Experiment mit feuergefährlichen Chemikalien einen Brand ausgelöst.

5 Der Bastler wurde verletzt.
Ein Teil des Dorfes wurde evakuiert.
Zwanzig Feuerwehrleute wurden ins Krankenhaus gebracht.
Dort wurden sie untersucht.
Anschließend wurden sie wieder entlassen.
Gesundheitliche Schäden wurden nicht festgestellt.

6 Lösungsvorschlag:
Wegen eines Feuers wurde ein Dorf bei Bitburg evakuiert.

Seite 48:

1 Verbformen: wird ... ermittelt – ermitteln die Behörden
In der linken Zeitungsmeldung steht die Verbform im Passiv, während in der rechten Zeitungsmeldung das Verb im Aktiv gebraucht wird, weil betont wird, wer ermittelt.

2 wurden ... gerettet (Präteritum), wurde ... verletzt (Präteritum), wurden ... gebracht (Präteritum), wurde ... untersucht (Präteritum), wurde ausgebaut (Präteritum), wurde ... gebracht (Präteritum), wurde ... abgeschaltet (Präteritum)

3 Die Feuerwehr rettete sie erst nach einer Dreiviertelstunde.
Die Sanitäter des Roten Kreuzes brachten sie daraufhin ins Krankenhaus.
Fachleute des TÜV untersuchten am Montag das Gerät.
Sie bauten die Bremse aus und brachten sie zur Untersuchung in eine Werkstatt.
Die Betreiber schalteten es aber rechtzeitig ab.

4 Durch die Zusatzinformationen hat der Reporter erfahren, wer genau gehandelt hat. Weil er diese Informationen hat, schreibt er im Aktiv. In seiner ersten Version dagegen musste er Passivsätze verwenden, da er nicht wusste, wer gehandelt hat.

Seite 49:

1 Die Mandeln werden in einen Topf mit Wasser gegeben und dieses wird zum Kochen gebracht. Nach etwa fünf Minuten wird das heiße Wasser vorsichtig abgegossen. Dann wird kaltes Wasser über die Mandeln geschüttet. Jetzt kann die braune Haut leicht von den Mandeln abgelöst werden. Die gehäuteten Mandeln werden in einem Mixer oder mit einem Pürierstab zermahlen. Je feiner desto besser. Der Puderzucker wird mit den Mandeln verrührt. Rosenwasser und Bittermandelaroma werden darunter gemischt. Zuletzt werden die Zutaten gut durchgeknetet – fertig ist das Marzipan!

Seite 50:

1 Lösungsvorschlag:
Ein 17-jähriger Kanadier trieb mit einer Eisbärenmutter und ihren zwei Jungen fast zwei Tage lang auf einer Eisscholle durch die arktischen Gewässer.

2 Lösungsvorschlag:
Junger Kanadier verbringt zwei Nächte neben Bären auf einer Eisscholle

Seite 51:

Subjekt	**Prädikat**	**Objekt**	**adverbiale Bestimmung**
junger Kanadier	verbringt	zwei Nächte (A)	auf einer Eisscholle (O) neben Bären (A/O)
ein 17-jähriger Kanadier	hat ausharren müssen		auf einer Eisscholle in arktischen Gewässern (O) Fast zwei Tage (Z)
der Kältetod	drohte	dem Jugendlichen (D)	
der Teenager	wollte jagen	Eisbären (A)	am Samstag (Z) im Territorium Nunavit (O)
Ihr Schneemobil	blieb liegen		rund 17 Kilometer von der kleinen Ortschaft Coral Harbour entfernt (O)
Der Jugendliche	begegnete	drei Eisbären (D)	
der Pilot eines an der Suche beteiligten Kleinflugzeuges	entdeckte	den gestrandeten Jungen (A)	Am Sonntagnachmittag (Z) schließlich (Z)
Helfer	warfen ... ab	ein Paket mit Süßigkeiten (A)	
Spezialisten	landeten		mit Fallschirmen (A) auf einer nahegelegenen Eisscholle (O)
Sie	brachten	den Jungen (A)	an Land (O) mit einem Boot (A)
er	wurde ... geflogen		Nach einer ersten Behandlung vor Ort (Z) in ein Krankenhaus in Churchill (O)

Seite 52:

1 Der australische Schüler Michael Bowron rettete seinem Vater das Leben.

2 Lösungsvorschlag
Das Wrack, vor dem mein Vater und ich stehen, war unser Lkw. Wir hatten auf der Heimfahrt einen Unfall. Ein Reifen platzte plötzlich. Der Wagen geriet ins Schleudern, raste in einen Busch und kippte um. Das alles ging ganz schnell. Ich bin vor Schreck fast ohnmächtig geworden. Zum Glück ist mir nichts passiert. Aber mein Vater war am Gesicht und am Bein verletzt. Außerdem war er eingeklemmt und kam aus dem Führerhaus nicht mehr heraus. Ich krabbelte aus dem Lkw und suchte nach etwas, mit dem ich ihn befreien konnte. Da entdeckte ich auf der Erde das Funkgerät, das durch den Aufprall heraus geschleudert worden war. Die Drähte hingen heraus, es war so nicht mehr zu benutzen. Dann fand ich glücklicherweise im Handschuhfach eine Batterie. Mein Vater erklärte mir, wie ich das Funkgerät kurzschließen konnte. Dazu musste ich die Drähte vorsichtig mit der Batterie verbinden. Ich habe mir dabei die Finger verbrannt, weil Funken flogen, aber irgendwann habe ich es geschafft und konnte meine Mutter und meinen Onkel per Funk benachrichtigen. Sie kamen sofort und mein Vater wurde in ein Krankenhaus abtransportiert. Ich habe mit dem Funkgerät meinem Vater das Leben gerettet. Ich habe letzte Woche wegen dieser Rettungsaktion eine Tapferkeitsmedaille verliehen bekommen. Wir kaufen uns bald einen neuen Lkw.

3 Bei der Überarbeitung können adverbiale Bestimmungen betont und an den Satzanfang gestellt werden: z. B. Plötzlich platzte ein Reifen.

4

Ort	**Zeit**	**Art und Weise**	**Grund**
Auf der Heimfahrt	letzte Woche	plötzlich	vor Schreck
in einen Busch	bald	glücklicherweise	durch den Aufprall
am Gesicht und am Bein		vorsichtig	wegen dieser Rettungsaktion
aus dem Führerhaus		per Funk	
auf der Erde		mit dem Funkgerät	
aus dem Lkw			
im Handschuhfach			
in ein Krankenhaus			

Seite 53:

1 ... Wasser, das von Menschen in Wohnungen oder Fabriken genutzt wurde. Abwasser, das sehr verschmutzt ist, ... in Kläranlagen geleitet, in denen es in verschiedenen Stationen gereinigt wird.

2 Recycling ist die Wiederverwertung von Abfällen, die zu wertvoll für den Müll sind. Dinge, die verbraucht sind oder bei der Herstellung anderer Sachen als Abfall entstehen, kann man oft als Rohstoff für Neues verwenden. Neues Papier, das aus Altpapier hergestellt wurde, ist recycelt.

3 Lösungsvorschlag:
Klima. Nach langjährigen Beobachtungen des Wetters kann man Aussagen über das Klima machen. Man teilt die Erde in Klimazonen ein. In Äquatornähe liegt die tropische Zone mit feuchtheißem Wetter. Nördlich und südlich davon liegen die subtropischen Zonen mit trockenen und heißen Sommern und etwas kühleren Wintern. Dann kommen die gemäßigten Zonen, zu denen auch Mitteleuropa und der äußerste Süden Amerikas gehören. In diesen Zonen gibt es kurze, kühle Sommer und strenge Winter. Stets sehr kalt sind die Polarzonen.

4 Lösungsvorschlag:
Abgase entstehen bei allen Verbrennungsvorgängen. Flugzeuge, Autos, Heizungen und Fabriken produzieren riesige Mengen giftiger Schadstoffe, die in die Luft abgeben werden. Die Luftverschmutzung, die man Smog nennt, ist in der Umgebung von manchen Städten riesengroß. Filteranlagen, die die Umwelt schützen, entfernen Schmutzteilchen und giftige Gase aus den Abgasen.

Seite 54:

1 die, der, die, das

2 Hundert Millionen Jahre nach dem Zeitalter der Menschen sind die Eiskappen geschmolzen, und die Erde ist warm und feucht. Ein großer Teil des Planeten ist nun von seichten Meeren, dem Schmelzwasser der Gletscher, bedeckt. Hier lebt ein riesiges Raubtier, das bis zu zehn Meter lang und vier Meter breit wird. An der Oberfläche des Raubtiers befinden sich „Segel", mit denen es in eine bestimmte Richtung gleiten kann. Seine Tentakel tragen Saugglocken, die unvorsichtige Opfer am Meeresboden blitzschnell verschwinden lassen. In manchen Saugglocken leben gigantische Seespinnen, die das Phantom mit ihren starken Zangen verteidigen. Dafür bekommen sie reichlich Nahrung vom Wirt. Diese Gemeinschaft, von der beide Partner einen Nutzen haben, nennt der Biologe auch Symbiose. Am Äquator liegen riesige Sümpfe, in denen es heiß und feucht ist – wie in einem Treibhaus. Pflanzen können dort besonders gut wachsen. Daher sind im Laufe der Millionen Jahre große Pflanzenfresser entstanden.
Besonders imposant sind die Dinoschildkröten, die sich langsam und schwankend fortbewegen. Diese Tiere, die über 120 Tonnen wiegen und mehr als sieben Meter hoch sind, sind sogar gewaltiger als die größten Dinosaurier.

3 In zweihundert Millionen Jahren ist die Erde nicht mehr wiederzuerkennen. Im Inneren des Kontinents breitet sich eine zentrale Wüste aus, in der Insekten die Herrschaft übernommen haben. Aber hier lebt auch ein einzigartiger Wurm, der von den Forschern Gärtnerwurm genannt wird. Bei Tagesbeginn kriecht er aus den Felsspalten und nimmt ein Sonnenbad. Im Nordwesten des Superkontinents ist ein riesiger Regenwald entstanden, in dem die kleinen Waldflische wie Kolibris durch das Blätterwerk schwirren. Waldflische haben echte Flügel, die sich aus den Brustflossen entwickelt haben. So oder so ähnlich könnte das Leben auf der Erde in der Zukunft aussehen.

Seite 55:

1 a) Es geht darum, ob Schulnoten nötig sind oder abgeschafft werden sollten.
b) Karin Oechslein ist der Meinung, „dass Noten eine gute Sache sind."
Henning Kullak-Ublick ist der Meinung, „dass es den Schüler dort (an seiner Waldorfschule ohne Noten) besser geht, als anderen."

Seite 56:

3 Lösungsvorschlag:
Karin Oechslein ist der Ansicht, dass Noten für Kinder und Erwachsene wichtig sind. Sie betont, dass eine gute Note eine Belohnung für denjenigen ist, der sich angestrengt hat. Karin Oechslein findet zudem, dass auch eine schlechte Note nicht schlimm ist. In dem Fall sollten Schüler ihre Lehrer um Rat fragen, wie sie sich verbessern können. Die Lehrerin aus München ist außerdem der Meinung, dass Noten auch für die Lehrer wichtig sind, denn sie können an den Noten erkennen, wie gut sie den Stoff rübergebracht haben. Den Eltern zeigen Noten, wie sich ihre Kinder in der Schule machen. Wenn es Probleme gibt, können sie ihnen helfen. Frau Oechslein stellt zusammenfassend fest, dass Noten am Ende besonders den Schülern nutzen.

4 Lösungsvorschlag:
Henning Kullak-Ublick findet dagegen, dass Noten vor allem unfair sind. Er behauptet, dass mehrere Lehrer demselben Deutsch-Aufsatz immer eine unterschiedliche Note geben. Außerdem findet Kullack-Ublick, dass meistens jene Schüler schlechte Noten bekommen, denen das Lernen schwerfällt und die sich trotzdem sehr angestrengt haben. Er ist der Ansicht, dass jedes Kind andere Fähigkeiten hat und dass dies durch Noten kaum berücksichtigt werden kann. Der Lehrer aus Flensburg findet, dass es wichtiger ist, Kinder zu loben. Dafür aber brauche er keine Noten. Seiner Meinung nach genügt es, wenn Kinder am Ende des Schuljahres eine schriftliche Beurteilung erhalten. Denn die Beurteilung zeigt schon das Wichtigste: Ob sich ein Kind angestrengt hat oder nur wenig gelernt hat. Henning Kullack-Ublick erklärt, dass sich das Kind in diesem Fall ja wieder mehr anstrengen kann – ohne sich wegen der Note schlecht fühlen zu müssen.

Seite 57:

1 Es fehlen Kommas vor Nebensätzen.

2 Wenn Schule nervt, dann kann das verschiedene Gründe haben. Am schlimmsten sind die Montage, sagt Alicia. Montags hat sie diesen Lehrer, der manchmal Schüler vor der ganzen Klasse auslacht. Montags fühlt sie sich schlapp und müde, weil der Unterricht bis 15.15 Uhr dauert. Danach muss sie noch mindestens zwei Stunden Hausaufgaben machen.
Früher hat Alicia im Sportverein geturnt. Das hat sie inzwischen aufgegeben, weil sie die Zeit zum Lernen braucht. Obwohl Alicia eine gute Schülerin ist, gibt es Tage, an denen ihr alles zu viel wird. Dass Lernen anstrengt und Schule manchmal nervt, ist normal. Die meisten Kinder kommen damit irgendwie zurecht. Aber einige finden Schule inzwischen so stressig, dass sie sogar krank werden. Manchmal reicht es schon, wenn Kinder ihre Hausaufgaben organisieren. Manchmal verschwindet der Schulstress aber erst, wenn sich die Familie von Psychologen helfen lässt.

3 „Einige Dinge, [vor Relativpronomen] die Schule anstrengend machen, [Ende des Relativsatzes] können Kinder nicht ändern. Die großen Regeln, [vor Relativpronomen] nach denen Schule funktioniert, [Ende des Relativsatzes] machen die Politiker. In Deutschland gibt es 16 Bundesländer. Jedes hat einen Schulminister oder Schulsenator, [vor Relativpronomen] der in seinem Land eigene Regeln aufstellen darf. Weil die Schulen überall in

Deutschland ein bisschen anders sind, [Ende des Nebensatzes] ist die Situation ganz schön chaotisch. Forscher haben herausgefunden, [vor Konjunktion] dass viele Kinder die falsche Schule besuchen. Jeder dritte Schüler lernt an einer Schule, [vor Relativpronomen] die zu leicht oder zu schwer für ihn ist. Richtig stressig wird es, [vor Konjunktion] wenn ein Kind eine zu schwierige Schule schaffen soll. Dann freuen sich nur die Leute, [vor Relativpronomen] die Nachhilfestunden anbieten. Eine gute Nachricht gibt es für alle, [vor Relativpronomen] die Angst vor den nächsten Zeugnissen haben. Immer mehr Politiker haben gemerkt, [vor Konjunktion] dass Sitzenbleiben nicht viel bringt. Die Schulministerin Barbara Sommer will erreichen, [vor Konjunktion] dass in Zukunft nur noch halb so viele Kinder eine Klasse wiederholen müssen. Dass die oberste Schulchefin des Landes selbst gar keine so tolle Schülerin war, [Ende des Nebensatzes] kann man daran sehen, [vor Konjunktion] dass sie selbst einmal eine Klasse wiederholen musste.

Seite 58:

1 (3, 1), (4), (1), (4), (2), (4), (3)

2 Komma Z. 2: Ende des Nebensatzes, Beginn des Hauptsatzes
Komma Z. 3: Ende des Nebensatzes, Beginn des Hauptsatzes
Komma 1 Z. 4: vor einer Konjunktion (Nebensatz)
Komma 2 Z. 4: vor einem Relativpronomen (Nebensatz)
Komma Z. 6: Aufzählung
Komma Z. 7: Ende des Nebensatzes, Beginn des Hauptsatzes

3 Komma Z. 1: vor einer Konjunktion (Nebensatz)
Komma Z. 3: vor einem Relativpronomen (Nebensatz)
Komma 1 Z. 5: vor einer Konjunktion (Nebensatz)
Komma 2 Z. 5: vor einer Konjunktion (Nebensatz)
Komma 1 Z. 6: Ende des Nebensatzes, Beginn des Hauptsatzes
Komma 2 Z. 6: vor einem Nebensatz
Komma 3 Z. 6: vor einem Relativpronomen (Nebensatz)
Komma 1 Z. 7: Ende des Relativsatzes, Beginn des Hauptsatzes
Komma 2 Z. 7: Ende des Nebensatzes, Beginn des Hauptsatzes

Seite 59:

1 Eiskalte Hände, knallroter Kopf, das Herz rast wie verrückt: Was ist mit unserem Körper los, wenn wir etwas Unangenehmes erleben? Wieso schämen wir uns? Und: Ist das peinliche Gefühl vielleicht auch zu etwas gut?
Wie konnte das passieren? Du wusstest doch, dass alle auf dem Ausflug schwimmen gehen und du deine Badesachen brauchst. Ständig vergisst du irgendetwas. Die anderen sind schon in der Umkleide verschwunden. Nur du stehst noch dumm rum. „Was ist?", fragt jemand. Du guckst zu Boden. „Hab meine Badesachen vergessen." – „Dann geh doch nackig schwimmen!", ruft einer der Jungs. Und seine Freunde kichern. Auch das noch! Allein bei der Vorstellung würdest du am liebsten im Boden versinken. Du fühlst dich plötzlich sehr einsam, dein Herz wummert. Fehlt bloß noch, dass du jetzt vor den anderen eine rote Birne kriegst.

2 Fast jeder hat so etwas schon erlebt: eine Situation, in der man sich schämt. Man schämt sich, weil man in Biologie etwas nicht weiß und eine Antwort gibt, die alle anderen amüsiert. Man schämt sich, weil einem der Hosenladen offen steht und jemand einen Witz darüber macht. Man schämt sich, weil man bei einer Lüge ertappt wird oder man drei Meter gegen den Wind nach Knoblauch riecht. Wir schämen uns, wenn wir uns bloßgestellt fühlen. Es schämen sich auch viele, weil sie sich zu dünn oder zu dick finden – auch wenn das nicht stimmt. Anderen ist es peinlich, wenn sie nicht die Klamotten tragen, die gerade cool sind. Der Körper reagiert bei diesem Gefühl so ähnlich wie bei Angst. Die Kommandos gibt das Gehirn, ohne dass wir es beeinflussen können: Pulsschlag erhöhen! Atmung steigern! Muskeln durchbluten! So macht sich unser Körper bereit zur Flucht und drosselt alle Funktionen, die dafür nicht notwendig sind. Es gelangt weniger Blut in die Verdauungsorgane: So machen wir uns manchmal vor Angst beinahe in die Hose! Weil die Finger schlechter durchblutet sind, werden sie kalt. Gleichzeitig schüttet der Körper Adrenalin aus. Es ist ein Stoff, der uns in Alarmbereitschaft versetzt und Kräfte mobilisiert. Dadurch weiten sich unter anderem die feinen Blutgefäße in unseren Wangen: Wir werden rot!

Seite 60:

1 Wenn ich mich so im <u>spiegel</u> ansehe, kann ich nicht viel <u>gutes</u> an mir entdecken. Meine Haare sind immer total <u>lockich</u> und <u>lasen</u> sich überhaupt nicht bändigen. Und dieses <u>blau</u> der Augen erst! Wer will das schon sehen? Wenn ich ganz genau hingucke, ist meine Nase zu <u>schmall</u> und nicht so <u>richtich</u> gerade. Außerdem wünsche ich mir, <u>das</u> meine <u>zahnspange</u> <u>entlich</u> verschindet. Ich weiß also überhaupt nicht, warum Julian mich in der letzten Zeit so komisch <u>ansiet</u>, als würde ich ihm <u>gefalen</u>.

2 der Spiegel (Spiegelbild, Glasspiegel)
viel Gutes (etwas Schreckliches, nichts Neues)
lockig – locki-ge Haare (strähnig, fettig)
lassen – wir las-sen (gelassen, verlassen)
dieses Blau (dieses Rot, jenes Grün)
schmal – schma-le Nase (Zahl, Strahl, kahl)
richtig – richti-ge Lösung (mächtig, lästig)
Ich wünsche mir, dass meine Zahnspange verschwindet.
die Zahnspange (Zahn, Zahnpasta)
endlich – En-de (enden, endlos)
ansieht – anse-hen (geht, seht)
gefallen – wir gefal-len (fallen, knallen)

Seite 61:

Berichtigte Fehlerwörter	Welches Rechtschreibproblem stellte sich?	Was kann ich tun, um den Fehler zu vermeiden?
Spiegel	groß oder klein?	Tipp:10: Signal: Artikel *das*
Gutes	groß oder klein?	Tipp:10: Signal: Mengenwort: *viel*, Adjektivendung *-es*
lockig	g oder ch? anders geschrieben als gesprochen	Tipp 5: *lockige Haare*
lassen	ß oder ss?	Tipp 3: *lassen* und nicht *laßen*, auch nicht *lasen*
Blau	groß oder klein?	Tipp:10: Signal: Pronomen *dieses*
schmal	l oder ll?	Tipp 3: *schmaler* und nicht *schmaller*, auch Tipp 5
richtig	g der ch?	Tipp 5: verlängern: *eine richtige Antwort*
dass	dass oder das?	Tipp 9: *dass* als Konjunktion bezieht sich auf ein Verb wie *wünschen* ...
Zahnspange	groß oder klein?	Tipp:10: Signal: Pronomen *meine*
endlich	d oder t	Tipp 7: verwandte Wortform suchen: *Ende*
ansieht	mit h oder ohne h?	Tipp 6: abtrennen und verlängern: *an+sehen*
gefallen	l oder ll?	Tipp 2 und Tipp 3: *gefallen* und nicht *gefalen*

4 Stachelputz
Es war ein Fehler, dass (9) ich mir selbst die Haare geschnitten (2/3) habe. Hinterher musste (5) ich doch zum Frisör gehen. Denn mit der eigenen Schnippelarbeit konnte ich nicht glücklich (6) werden, da ich mich fast um meine ganze Haarpracht gebracht hatte. Als ich dann vom Frisör nach Hause (10) kam, sah (5) ich mir das Unglück auf meinem Kopf genau an. Zufrieden war ich nicht gerade, weil auch der beste Fachmann mit meinen genialen Vorbereitungen (10) meine Frisur nicht retten konnte. Es war ihm nichts anderes übrig geblieben, als mir einen kurzen Stachelputz zu verpassen (2/3).

5 Was aber werden meine Freundinnen sagen, wenn sie mich morgen in der Schule so sehen? Am besten ist, dass man sich eine Baseballmütze kauft. Also besorgte ich mir eine und setzte sie schön verkehrt auf, wie es sich gehört. Das ließ sich ertragen, obgleich es eigentlich nicht zu mir passte. Die Überraschung am nächsten Tag war aber perfekt, als alle mir auf die Schulter klopften, nachdem sie mir die Kappe vom Kopf gerissen hatten. Obgleich ich es nicht für möglich gehalten hatte, dass so etwas eintreten könnte, fanden sie meine Frisur richtig cool.

Seite 62:

1 Die Fäulnis kommt von faul, der Räuber kommt von rauben/der Raub, räuchern von rauchen/der Rauch, schälen von die Schale, mächtig von die Macht, der Stängel von die Stange, schäumen von der Schaum, das Gebäude von bauen.

2 säubern (sauber), der Bräutigam (die Braut), das Geräusch (rauschen), häufig (der Haufen), säuerlich (sauer), der Wiederkäuer (kauen), zerstäuben (der Staub), der Säugling (saugen)

3 lächeln (lachen), schwächlich (schwach), ärmlich (arm), nähen (die Naht), täglich (der Tag), die Wäsche (waschen), kränklich (krank), die Gäste (der Gast)

4 der Bart: bärtig – ein bärtiger Mann
die Blume: blumig – eine blumige Sprache
der Bruder: brüderlich – brüderlich teilen
der Dreck: dreckig – ein dreckiges Kind
die Falte: faltig – ein faltiges Gesicht
die Farbe: farbig – ein farbiges Kleid
die Frage: fraglich – zur fraglichen Stunde
die Geduld: geduldig – ein geduldiger Lehrer
das Glück: glücklich – ein glückliches Liebespaar
der Grund: gründlich – eine gründliche Reinigung
das Haar: haarig – ein haariges Problem
der Körper: körperlich – körperliche Beschwerden
die Made: madig – ein madiger Apfel
der Mund: mündlich – eine mündliche Zusage
die Neugier: neugierig – ein neugieriger Junge
der Schmerz: schmerzlich – ein schmerzlicher Verlust
der Schnitt: schnittig – ein schnittiges Auto
der Tod: tödlich – ein tödlicher Unfall
der Zorn: zornig – ein zorniger Mann

5 fallen – fällig, voll – völlig, der Nebel – neb(e)lig, der Stachel – stach(e)lig, der Wille – willig, der Winkel – wink(e)lig, das Mehl – mehlig

6 höllisch – eine höllische Qual, teuflisch – ein teuflischer Einfall, bäu(e)risch – ein bäurisches Vergnügen, technisch – eine technische Meisterleistung, tierisch – ein tierischer Spaß, heimisch – ein heimisches Gefühl, kindisch – ein kindisches Verhalten, musisch – ein musischer Mensch

Seite 63:

8 trüb – trübe, er schreibt – wir schreiben, sie übt – wir üben, ihr übertreibt – wir übertreiben, sie liest – wir lesen, er grinst – wir grinsen, du saust – wir sausen, es stand – wir standen, das Los – die Lose, ihr wagt – wir wagen, die Lobrede – loben, die Halbzeit – halbe, der Geduldsfaden – geduldig, der Betrugsversuch – betrügen, das Zündholz – zünden, sorgsam – sorgen, der Siebdruck – sieben, die Zugmaschine – die Züge, das Preisschild – die Preise, die Schilder, kreisrund – kreisen, runde

9 Ehrlicher Finder
Als ein Mann (die Männer) auf dem Parkplatz des Familienmarktes einen Umschlag (Umschläge) mit 540 Euro gefunden hatte, ging (gingen) er zur Polizei, wo er das Geld (die Gelder) abgab (abgeben). Die Polizei löste (lösen) auf dem Parkplatz sofort eine Fahndung aus, da sie den Verlierer des Geldes ausfindig machen wollte (wollen). Knapp (ein knapper Versuch) drei Stunden später, nachdem das Geld abgegeben worden war, meldete sich ein verzweifelter junger Mann auf der Wache. Er berichtete, dass er einen großen Verlust erlitten (erlitten) hätte (hatten). Die Polizei händigte (Hand, händigen) ihm den Umschlag aus, als sie festgestellt hatte, dass alles seine Richtigkeit (ein richtiger Hinweis) hatte. Der Mann konnte sich den Verlust dadurch erklären (klar), dass er ein Loch in der Jacke hatte. Er fragte, ob der ehrliche Finder ermittelt sei, da er sich bei ihm bedanken wollte. Die Polizei nannte (nennen) ihm seine Adresse.

Seite 64:

1 l oder ll:
sie fällt – fallen: gefallen, Fall, Unfall ...
er fiel – fielen: gefielen ...
er rollt – rollen: gerollt, die Rolle ...
es knallt – knallen: Knall, Knallkörper, abgeknallt ...
er quält – quälen: Qual, qualvoll, gequält ...
prall – pralle: prallvoll, abgeprallt ...

m oder mm:
ihr verstummt – verstummen: stumm, Stummheit ...
sie bremst – bremsen: Bremse, Bremsspur, gebremst ...
es schäumt – schäumen: geschäumt, Schaum ...
er kam – kamen: ankam, abkam ...
sie schwamm – schwammen: Schwimmbecken ...
du kommst – kommen: gekommen, komm her! ...

f oder ff:
er traf – trafen: antrafen, zusammentrafen ...
ihr trefft – treffen: das Treffen, Treffpunkt ...
er kläfft – kläffen: Kläffer, Gekläff ...
tief – tiefer: die Tiefe, Tiefstapler, metertief ...
der Pfiff – die Pfiffe: gepfiffen, pfiffig ...
das Heft – die Hefte: geheftet, Heftpflaster ...

Seite 65:

2 fallen – wir fielen – wir sind gefallen
spinnen – wir spannen – wir haben gesponnen
beißen – wir bissen – wir haben gebissen
kommen – wir kamen – wir sind gekommen
reiten – wir ritten – wir sind geritten
essen – wir aßen – wir haben gegessen
treffen – wir trafen – wir haben getroffen

3 bitten – bat – gebeten, lassen – ließ, gelassen, messen – maß – gemessen, vergessen – vergaß – vergessen

5 fallen: der Fall, fällig, der Unfall, der Anfall, entfallen ...
spinnen: das Spinnrad, der Spinner, er spinnt, die Spinne ...
beißen: das Gebiss, der Biss, der Bissen, ein bisschen ...
kommen: ankommen, verkommen, bekommen, kommt ...
reiten: der Reiter, der Ritt, rittlings, der Reitsport ...
essen: das Essen, essbar, aufessen, iss das auf! ...
treffen: der Treffpunkt, das Treffen, treffsicher, sie trifft ...

Seite 66:

2 beißen – reißen, rasseln – prasseln, fließen – gießen, müssen – küssen, außen – draußen, Schüssel – Rüssel, Flosse – Sprosse, fassen – lassen

3 das Schloss – die Schlösser: Schlosser, verschlossen ...
der Biss – die Bisse: Bissen, bissig, bissfest ...
der Gruß – die Grüße: Grußformel, grüßen, gegrüßt ...
der Riss – die Risse: gerissen, rissfest, bissfest ...
das Maß – die Maße: Maßstab, (sich) anmaßen ...
der Kloß – die Klöße: Klößchen, Kartoffelklöße ...
süß – ein süßes Getränk: süßen, Süßigkeit ...
groß – ein großer Haufen: Größe, vergrößern ...
nass – ein nasser Lappen: Nässe, nasskalt ...

4 ss oder ß:
das Maßband, die Leitersprosse, schließlich, reißfest, die Bisswunde, beeinflusst, die Auffassung, der Außenstürmer, das Gusseisen, die Fußspitze, das Schweißgerät, massig

Seite 67:

5 fließen – es fließt – es floss
fressen – er frisst – er fraß
vergessen – er vergisst – er vergaß
wissen – sie weiß – sie wusste
entlassen – sie entlässt – sie entließ
essen – sie isst – sie aß
vergessen – sie vergisst – sie vergaß

6 **Ehefrau vergessen**
Ein schusseliger Autofahrer vergaß auf einem Autobahnparkplatz seine Frau. Einigermaßen überrascht merkte der Rentner erst eine Stunde nach Weiterfahrt, dass seine Frau nicht mehr neben ihm saß. Er wusste nicht, dass sie auf dem Parkplatz ausgestiegen war, um sich ein wenig die Füße zu vertreten. Nach dem Tanken habe er das Auto gestartet und sei guten Gewissens losgefahren, teilte er der Polizei mit, die ihn anhalten ließ. Die Frau sei von einem anderen Autofahrer hilferufend entdeckt und zur Polizei gebraucht worden. Der Rentner musste sich viele Fragen stellen lassen. Er wisse doch, dass seine Frau häufig im Auto ein bisschen schlafen müsse, betonte der Mann. Für ihn sei das alles unfassbar. Einige Freudentränen flossen, als er seine Frau schließlich wieder in die Arme schließen konnte.

7 vergaß – vergaßen, saß – wir saßen, wusste – wir wissen, ließ – wir ließen, musste – müssen, bisschen – der Bissen, unfassbar – wir fassen, schließlich – wir schließen

Seite 69:

2 *das* als Artikel: unterstrichen, *das* als Relativpronomen: *kursiv*, *dass* als Konjunktion: **fett gedruckt**

a) Ich hoffe, **dass** du mir noch ein interessantes Buch empfehlen kannst.
b) Das Buch, *das* (welches) du mir beim letzten Mal geliehen hast, habe ich mit großem Interesse gelesen.
c) Ich finde es gut, **dass** immer mehr Menschen das Rauchen aufgeben.
d) **Dass** du mich vor allen in der Klasse lächerlich gemacht hast, werde ich dir so schnell nicht verzeihen.
e) Ich wünsche dringend, **dass** mein Taschengeld wöchentlich um 5 € erhöht wird.
f) Die Klassenfahrt war ein tolles Erlebnis, *das* (welches) wir so schnell nicht vergessen werden.
g) Das Angebot, *das* (welches) sie ihm machte, konnte er nicht ausschlagen.
h) In Ihrer Annonce habe ich gelesen, **dass** Sie Zeitungsausträger suchen.
i) **Dass** endlich ein Tor fiel, freute die Fußballfans besonders.

3 Das Wort „dass“ ist immer eine Konjunktion.
Es gehört stets zu einem Verb.
Kann man das Wort „das/dass“ durch dies/dieses oder welches ersetzen, schreibt man das.
Es handelt sich dann um ein Pronomen oder einen Artikel und gehört deshalb zu einem Nomen.

Seite 70:

1

Berührung: Kontakt	schlecht: negativ
Sportler: Athlet	vollendet: perfekt
Lage: Situation	klug: intelligent
Brauchbarkeit: Qualität	wirksam: effektiv
Gespür: Instinkt	überlegen: genial
Fehler: Makel	genau: präzise

2 **Ein Spitzenfußballer**
So urteilt die Lokalpresse über unseren Mitschüler Gerd Meier aus der Klasse 8c: Gerd ist für sein Alter sehr ballsicher, hat ein geniales Spielverständnis und ein präzises Auge. Er schlägt perfekte Pässe und hat während des Spiels viele Ballkontakte. Für einen Mittelfeldathleten hat Gerd einen guten Torinstinkt. Er begreift eine Situation rascher als andere und zeigt durchaus Führungsqualitäten. Er ist ein intelligenter Spieler, der während des Spiels nie negativ auffällt. Sein Spiel ist fast ohne Makel.

Seite 71:

3, **4**

Wortbeispiele zu Tipp 1	Wortbeispiele zu Tipp 2	Wortbeispiele zu Tipp 3
der Kontakt der Instinkt perfekt effektiv	intelligent effektiv	
der Effekt die Panik die Klinik die Kritik	die Batterie der Effekt das Kotelett das Modell das Quartett das Tablett	die Batterie die Garantie die Industrie die Alchimie

5 trainieren, frisieren, kritisieren, riskieren, fantasieren, modellieren ...

Seite 72:

2 Nomen mit Artikel: nebeneinander auf einer Bank im Bus, am Arm, die Lederjacke, eine Schleife, ein Schal, ein Gesicht, die Mütze, im Knopfloch, im Ohr, auf dem Kopf
Nomen mit Pronomen: ihre Füße, sein Aussehen, ihr Armband, dieser Blick, um ihren Hals, sein Handgelenk, seine Beine
Nomen mit Adjektiv: in braunen Schuhen, blaue Jeans, grüner Pullover, weiße Bluse, roter Rock, hoch aufgestylte Frisur, kurz rasierte rote Haare, hochgezogene Schultern, leuchtende Augen

Seite 73:

3–**5**
1. (4) (die) Markierungspunkte für (1) die Flügelspitzen in (1) das Gesicht setzen
2. mit (3) schwarzem Schminkstift (1) die Fledermauskonturen um (1) die Augen malen
3. als (4) (eine) Grundierung gleichmäßig mit (1) einem Schwämmchen (3) blaue Wasserschminke auftragen, (1) die Fledermausform dabei aussparen, (1) das Schwämmchen nur kurz in (1) das Wasser tauchen, dann ausdrücken, (1) die blaue Schminke aufnehmen und (1) die Farbe sorgfältig auf (1) das Gesicht tupfen
4. mit (3) schwarzer Wasserschminke (1) die Feldermausform ausmalen, dazu mit (1) einem kleinen Flachpinsel (3) viel Farbe aufnehmen und sie sorgfältig (4) (ein) Stück für (4) (ein) Stück auftragen
5. auch (1) die Lippen schwarz ausmalen
6. alles gut trocknen lassen
7. mit (3) schwarzem Schminkstift in (1) das Blau (3) kleine Sterne setzen
8. mit (3) weißer Wasserschminke (1) die Augen und (4) (die) Seitenkonturen (1) der Fledermaus mit (1) einem Rundpinsel einzeichnen
9. nicht vergessen: (3) blonde Haare für (1) das Batman-Gesicht schwarz einfärben

Seite 74:

1 Am Nachmittag hole ich dich zum **S**chwimmen ab. In unbekannten Gewässern zu **s**chwimmen, ist unerlaubt. Oft **s**pielen Kinder an Bahndämmen. Das **S**pielen an Bahndämmen ist verboten. Wir **e**ssen und kochen gern gemeinsam. Beim **E**ssen unterhalten wir uns gern über das gemeinsame **K**ochen. Wenn ich beim **L**esen gestört werde, so finde ich das zum **H**eulen. Wenn ich **l**ese, sollte mich keiner **s**tören. Im **F**allen konnte sie sich noch abstützen. Als sie **f**iel, konnte sie sich gerade noch abstützen. Beim lauten **S**chnarchen kann ich nicht einschlafen. Wenn manche **s**chnarchen wackeln die Wände.

Seite 75:

4 a) Das Gute daran ist, dass es nichts kostet. b) Es ist gut, dass du da bist. c) In vielen Filmen siegen die Guten über die Bösen. d) Dies ist eine gute Erfindung. e) Im Übrigen bin ich dafür, ein neues Fahrrad zu kaufen. f) Die übrigen Fahrräder können wir verkaufen. g) Bist du dir im Klaren, was du willst? h) Gib eine klare Stellungnahme ab. i) Heute bist du wesentlich früher als gestern. j) Im Wesentlichen ist alles gesagt.

5 a) Auf dem Markt kauft er sich alles Mögliche. b) Das ist alles möglich. c) Zum Geburtstag wünsche ich dir alles Gute. d) Ich möchte, dass es dir gut geht. e) Rede nicht schlecht über andere. f) Sage nichts Schlechtes über andere. g) Ich habe nichts Neues erfahren. h) Das ist nicht neu für mich. i) In fremden Ländern findet man allerlei Fremdes.

Seite 76:

3 dienstags, abends, nachmittags, nachts, montagabends, jeden Tag, am Tag darauf, am Mittag, am Samstagabend, jedes Jahr

4 „Hi, können wir unseren Termin auf Dienstag verschieben?"
„Da heute Sonntag ist, wäre das übermorgen. Mir wäre mittwochs gegen Mittag lieber."
„Gut, ich bin gegen Viertel vor zwölf da. Und du warst heute Morgen schon so früh unterwegs?"
„Ja ich mache regelmäßig sonntagsmorgens eine längere Fahrradtour. Tschüss, bis morgen. Nein, bis Dienstagmittag!"

Seite 78:

2 Er hat eine dumme Bemerkung fallen lassen/fallenlassen. Die Vokabeln sollen im Gedächtnis haften bleiben/haftenbleiben.

3 a) gehen lassen, b) stehen bleiben/stehenbleiben, c) steigen lassen/steigenlassen, d) gehen lassen/gehenlassen, e) spazieren gehen

4 b) fallenlassen, c) fallenlassen, e) sitzengeblieben, f) sitzengeblieben, h) sitzenlassen

Seite 79:

6 a) Er hat seine Hausaufgaben flott gemacht.
b) Er hat sein Fahrrad wieder flottgemacht.
c) Wegen einer Grippe wird er längere Zeit flachliegen.
d) Der Teppich sollte auf dem Boden flach liegen.
e) Er wollte ihn durch ein Foul flachlegen.

7 a) leicht fallen, b) flüssig lesen, c) kürzertreten, d) großschreiben, e) näher kommen, f) krummlachen, g) nahebringen, h) totarbeiten, i) falschliegen, j) flachfallen, k) genau nehmen, l) geradestehen, m) offen bleiben

Seite 80:

1 richtig:
– An der zweisilbigen Wortform erkennt man, dass in *süß* und *groß* die betonte Silbe offen ist. Dann schreibt man immer ß.
– In der zweisilbigen Wortform endet die erste Silbe mit einem Vokalbuchstaben, dann steht ein ß. Der Vokal wird lang gesprochen.

2 er beißt, der Biss, er misst, das Maß, sie isst, sie aß

3 n**ä**mlich (~~nehmen~~, Name), w**ä**re (war, ~~wahr~~), er rä**t** (~~die Ratten~~, raten), r**ä**t (~~retten~~, raten), er ste**ll**t (stellen, ~~Stall~~), Hu**t** (Hüte, ~~Hütte~~), er ka**m** (~~kommen~~, kamen), er grä**b**t (~~das Grab~~, graben) Gra**s**halm (~~grasgrün~~, die Gräser), Run**d**lauf (~~rund~~, umrunden)

4 a) Glaubt diesem Gequatsche über eine Kürzung der Ferien nicht.
b) Sein ständiges Reden über die Wichtigkeit von Bewegung geht vielen allmählich auf die Nerven.
c) Beim Diskutieren der Vorschläge zur Verlängerung der Pausen gab es grundsätzliche Bedenken.
d) Die Freude am Tischtennisspielen habt ihr ihm durch euren Spott und ständiges Ärgern verdorben.
e) Gutes und faires Benehmen und ein ordentliches Auftreten ist für viele eine Selbstverständlichkeit.

5 Wir sollten wichtige Aussagen schriftlich festhalten.
Wir müssen den Lenkdrachen ganz fest halten
Unsere Arbeit werden wir schon gut machen.
Den Schaden müssen wir schnell gutmachen.
Die Übung ist ihm schwergefallen
Sie ist während des Spiels schwer gefallen.

7 Sprich die Wörter der folgenden Wortliste und markiere die Laute, die beim Schreiben Schwierigkeiten bereiten:

Einsilbige Wörter um eine Silbe verlängern

trüb trü-be	*er schreibt* ______
sie übt ______	*ihr übertreibt* ______
sie liest ______	*er grinst* ______
du saust ______	*es stand* ______
das Los ______	*ihr wagt* ______
Lobrede lo-ben	*Halbzeit* ______
Geduldsfaden ______	*Betrugsversuch* ______
Zündholz ______	*sorgsam* ______
Siebdruck ______	*Zugmaschine* ______

Preisschild ______

kreisrund ______

Aus **liebt** bilde ich **wir lie-ben**, aus **Bild**: **die Bil-der**, aus **lügt**: **wir lü-gen** und aus **Preis**: **die Prei-se**.

In diesen beiden Wörtern stecken sogar zwei Schwierigkeiten!

8 Schreibe zu jedem Wort der Wortliste oben eine Wortform, in der der schwierige Laut hörbar wird. Um in der zweiten Hälfte der Wortliste die passende Wortform zu finden, musst du das Wort mit dem Problembuchstaben zuerst abtrennen.

9 Finde im folgenden Text möglichst alle 14 Fehler. Berichtige sie auf einem Zusatzblatt. Schreibe zu jedem Wort eine Wortform, die die Schreibweise begründet. Zu einem Fehlerwort musst du zwei Wortformen anbieten!

Ehrlicher Finder

Als ein Man auf dem Parkplatz des Familienmarktes einen Umschlach mit 540 Euro gefunden hatte, gink er zur Polizei, wo er das Gelt abgap. Die Polizei lößte auf dem Parkplatz sofort eine Fahndung aus, da sie den Verlierer des Geldes ausfindig machen wolte. Knap drei Stunden später, nachdem das Geld abgegeben worden war, meldete sich ein verzweifelter junger Mann auf der Wache. Er berichtete, dass er einen großen Verlust erliten hette. Die Polizei hendikte ihm den Umschlag aus, als sie festgestellt hatte, dass alles seine Richtichkeit hatte. Der Mann konnte sich den Verlust dadurch erkleren, dass er ein Loch in der Jacke hatte. Er fragte, ob der ehrliche Finder ermittelt sei, da er sich bei ihm bedanken wollte. Die Polizei nante ihm seine Adresse.

l, m, n ... einfach oder doppelt?

1 Übe mit den Wörtern der folgenden Tabelle so:
- Suche zu den einsilbigen Wörtern in Spalte 1 eine zweisilbige Wortform und schreibe sie in Spalte 2.
- Unterlege die zweisilbige Wortform mit einem Silbenbogen.
- Fülle die Wortlücke in Spalte 1.
- Schreibe ein verwandtes Wort dazu in Spalte 3

l oder ll?

Spalte 1	Spalte 2	Spalte 3
sie fä____t		
er fie____		
er ro____t		
es kna____t		
er quä____t		
pra____		

m oder mm?

Spalte 1	Spalte 2	Spalte 3
ihr verstu____t		
es bre____st		
es schäu____t		
er ka____		
sie schwa____		
du ko____st		

f oder ff?

Spalte 1	Spalte 2	Spalte 3
er tra____		
ihr tre____t		
er klä____t		
tie____		
der Pfi____		
das He____t		

Die Schülerinnen und Schüler der 7b haben Verben (starke Verben) zu einer Wortliste zusammengestellt, die ihre Zeitformen unregelmäßig bilden.
Das kann zu Schwierigkeiten in der Rechtschreibung führen, weil sich dabei der Wortstamm verändert. Manchmal ändert sich nur der Stammvokal ***(binden – wir banden – wir haben gebunden)***, manchmal auch der Konsonant nach dem Stammvokal ***(reiten – wir ritten – wird sind geritten)***.

2 Bilde mit den Verben das Präteritum und das Perfekt. Benutze die wir-Form. Wenn du unsicher bist, nutze das Wörterbuch.

	Präteritum	**Perfekt**
fallen		
spinnen		
beißen		
kommen		
reiten		
essen		
treffen		

3 Ergänze die Tabelle mit weiteren starken Verben und bilde die Vergangenheitsformen.

4 Bilde mit einigen dieser Verben Sätze in verschieden Zeitformen. Benutze dabei die verschiedenen Personalpronomen (*ich, du* ...).

5 Suche zu einzelnen Verben der ersten Spalte verwandte Wörter und schreibe sie ins Heft. Nutze dazu auch das Wörterbuch.

Strategien anwenden
Sprachwissen nutzen

Mit ß oder ss?

1 Unterlege die Wörter mit Silbenbögen.

beißen	*prasseln*	*außen*	*lassen*
rasseln	*küssen*	*Schüssel*	*Sprosse*
fließen	*reißen*	*Flosse*	*Rüssel*
müssen	*gießen*	*fassen*	*draußen*

2 Verbinde die Wörter, die sich reimen.

3 Suche zu den folgenden Wörtern eine verlängerte Form und schreibe sie in Spalte 2. Unterlege sie mit Silbenbögen. Fülle die Wortlücke in Spalte 1 und schreibe ein verwandtes Wort in Spalte 3.

*Fuß mit ß, weil **Füße**.*
***Biss** mit ss, weil **Bisse**.*

Spalte 1	Spalte 2	Spalte 3
das Schlo___		
der Bi___		
der Gru___		
der Ri___		
das Ma___		
der Klo___		
sü___		
gro___		
na___		

4 ss oder ß? Fülle die Wortlücken:

das Ma___band	*die Leiterspro___e*	*schlie___lich*
rei___fest	*die Bi___wunde*	*beeinflu___t*
die Auffa___ung	*der Au___enstürmer*	*das Gu___eisen*
die Fu___spitze	*das Schwei___gerät*	*ma___ig*

5 ss oder ß? Ergänze die Tabelle mit den fehlenden Verbformen:

Infinitiv	Präsens	Präteritum
fließen		*es floss*
	er frisst	
		er vergaß
wissen		
	sie entlässt	
		sie aß
vergessen		

6 Fülle die Wortlücken im folgenden Text mit ss oder ß:

Ehefrau vergessen

Ein schu___eliger Autofahrer verga___ auf einem Autobahnparkplatz seine Frau. Einigerma___en überrascht merkte der Rentner erst eine Stunde nach Weiterfahrt, dass seine Frau nicht mehr neben ihm sa___. Er wu___te nicht, dass sie auf dem Parkplatz ausgestiegen war, um sich ein wenig die Fü___e zu vertreten. Nach dem Tanken habe er das Auto gestartet und sei guten Gewi___ens losgefahren, teilte er der Polizei mit, die ihn anhalten lie___. Die Frau sei von einem anderen Autofahrer hilferufend entdeckt und zur Polizei gebracht worden. Der Rentner mu___te sich viele Fragen stellen la___en. Er wi___e doch, dass seine Frau häufig im Auto ein bi___chen schlafen mü___e, betonte der Mann. Für ihn sei das alles unfa___bar. Einige Freudentränen flo___en, als er seine Frau schlie___lich wieder in die Arme schlie___en konnte.

7 Begründe die Schreibweise des s-Lautes in den blau gedruckten Wörtern durch eine verlängerte Form.

vergaß – vergaßen

8 Schreibe einen ähnlichen Text und verwende darin möglichst viele Wörter mit ss und ß. Nutze ihn für ein Partnerdiktat.

Auf das vorausgehende Verb achten

Das Wörtchen „dass"

→ *Nutze auch die Angaben im Regelkasten des Schülerbands, S. 258.*

1 Bilde mit den Sprechblasen und den Aussagen auf den Papierstreifen dass-Sätze. Unterstreiche das *dass* und die dazugehörenden Verben. Vergiss nicht die Kommas zu setzen!

Weißt du, dass …

Hast du gewusst, dass …

Es ist doch klar, dass …

Ich weiß, dass …

Ich vermute, dass …

Fliegenpilze giftig sind

Zucker den Zähnen schadet

der Seeadler der größte Greifvogel bei uns ist

Duftstoffe bei der Verständigung im Tierreich ein große Rolle spielen

das Wasserschwein nicht mit den Schweinen verwandt ist

drei Viertel der Erdoberfläche von Wasser bedeckt sind

Zebras sich an ihrem persönlichen Fellmuster erkennen können

sich viele für den Tierschutz stark machen

Ich weiß, dass Fliegenpilze giftig sind.

„Das" oder „dass"?

Sprachwissen nutzen

1 Schreibe die folgenden Sätze richtig ins Heft. Führe die Ersatzprobe durch: Benutze die Kontrollwörter *dies/dieses* oder *welches*. Falls eines passt, schreibe es in Klammern darüber.

→ *Informationen zur Ersatzprobe findest du im Schülerband auf Seite 259.*

a) Ich hoffe, ________ du mir noch ein interessantes Buch empfehlen kannst.

b) Das Buch, ________ du mir geliehen hast, habe ich mit großem Interesse gelesen.

c) Ich finde es gut, ________ immer mehr Menschen das Rauchen aufgeben.

d) ________ du mich vor allen in der Klasse lächerlich gemacht hast, werde ich dir so schnell nicht verzeihen.

e) Ich wünsche dringend, ________ mein Taschengeld erhöht wird.

f) Die Klassenfahrt war ein tolles Erlebnis, ________ wir nicht vergessen werden.

g) Das Angebot, ________ sie ihm machte, konnte er nicht ausschlagen.

h) In Ihrer Annonce habe ich gelesen, ________ Sie Zeitungsausträger suchen.

i) ________ endlich ein Tor fiel, freute die Fußballfans besonders.

2 Markiere in den Sätzen mit unterschiedlichen Farben: *das* als Artikel, *das* als Relativpronomen, *dass* als Konjunktion mit dem dazugehörenden Verb.

3 Vervollständige die folgende Schreibhilfe mit den folgenden Wörtern:
welches ***Verb*** ***Konjunktion*** ***Nomen*** ***dies/dieses*** ***das***

Das Wort **dass** ist immer eine ____________________.

Es gehört stets zu einem ________________.

Kann man das Wort **das/dass** durch ____________________

oder ________________ ersetzen, schreibt man ____________.

Es handelt sich dann um ein Pronomen oder einen Artikel und gehört

deshalb zu einem ________________.

Auf Schreibbesonderheiten achten

Fremdwörter üben

KON SI TAKT LET TIK TION
TUA IN LI TÄT MA
STINKT QUA ATH KEL

NE TIV FEKT GA GENT
PER TIV IN FEK LI TEL
EF NI PRÄ GE ZISE AL

1 Bilde mit den Silben der Zettel zwölf Fremdwörter: mit den Silben des gelben Zettels sechs Nomen und mit den Silben des blauen Zettels sechs Adjektive. Ordne die Fremdwörter jeweils der deutschen Bedeutung zu.

Berührung: ____________ schlecht: ____________

Sportler: ____________ vollendet: ____________

Lage: ____________ klug: ____________

Brauchbarkeit: ____________ wirksam: ____________

Gespür: ____________ überlegen: ____________

Fehler: ____________ genau: ____________

2 Ergänze die Satz- und Wortlücken mit einem passenden Fremdwort der Aufgabe 1. Die Endungen der Wörter können sich dabei ändern.

Ein Spitzenfußballer

So urteilt die Lokalpresse über unseren Mitschüler Gerd Meier aus der Klasse 8c: Gerd ist für sein Alter sehr ballsicher, hat ein ____________ Spielverständnis und ein ____________ Auge. Er schlägt ____________ Pässe und hat während des Spiels viele Ball____________. Für einen Mittelfeld____________ hat Gerd einen guten Tor____________. Er begreift eine ____________ rascher als andere und zeigt durchaus Führungs____________. Er ist ein ____________ Spieler, der während des Spiels nie ____________ auffällt. Sein Spiel ist fast ohne ____________.

Für die Rechtschreibung von Fremdwörtern gibt es Tipps, die helfen, sich ihre Schreibweise besser einzuprägen:

Tipp 1

Fremdwörter schreibt man selten mit ck, sondern mit k. Beispiel: Physik

Tipp 2

In Fremdwörtern wird der Buchstabe für den Konsonant häufig verdoppelt. Beispiel: Konkurrent

Tipp 3

Fremdwörter enden häufig auf ie. Beispiel: Chemie

3 Ordne die Wörter aus Aufgabe 1 (S. 70) in die passende Spalte ein:

Wortbeispiele zu Tipp 1	Wortbeispiele zu Tipp 2	Wortbeispiele zu Tipp 3

4 Ergänze die Tabelle zu Aufgabe 3 mit den folgenden Wörtern. Manche lassen sich mehrfach einordnen.
die Batterie der Effekt die Panik die Garantie die Industrie die Klinik das Kotelett die Kritik die Alchimie das Modell das Quartett das Tablett

5 Bilde mit den Nomen Verben mit der Endung -ieren. Mit einigen Verben bilde im Heft Sätze.
der Trainer die Frisur die Kritik das Risiko die Fantasie das Modell

Signalwort: Artikel
Signalwort: Adjektiv und Pronomen

Groß oder klein? – Auf Erkennungszeichen achten

1 Markiere in den folgenden Wortgruppen die Anfangsbuchstaben der Nomen, die großgeschrieben werden müssen. Achte dabei auf die Begleiter als Erkennungszeichen.

nebeneinander auf einer bank im bus ihre füße am arm die lederjacke in brauen schuhen blaue jeans grüner pullover weiße bluse roter rock eine schleife hoch aufgestylte frisur sein aussehen ihr armband kurz rasierte rote haare hochgezogene schultern dieser blick um ihren hals ein schal ein gesicht leuchtende augen sein handgelenk die mütze im knopfloch seine beine im ohr auf dem Kopf

2 Ordne die Wortgruppen nach den Erkennungswörtern der Nomen.
Markiere die Anfangsbuchstaben der Nomen und Begleiter unterschiedlich.

Nomen mit Artikel:
(bestimmter, unbestimmter oder versteckter Artikel)

Nomen mit Pronomen:

Nomen mit Adjektiv:

3 In folgenden Sätzen einer Schminkanleitung sind alle Wörter kleingeschrieben. Berichtige die Anfangsbuchstaben der Nomen.

So wird aus dem blonden Florian Mister Batman

1. markierungspunkte für die flügelspitzen in das gesicht setzen
2. mit schwarzem schminkstift die fledermauskonturen um die augen malen
3. als grundierung gleichmäßig mit einem schwämmchen blaue wasserschminke auftragen, die fledermausform dabei aussparen, das schwämmchen nur kurz in das wasser tauchen, dann ausdrücken, die blaue schminke aufnehmen und die farbe sorgfältig auf das gesicht tupfen
4. mit schwarzer wasserschminke die fledermausform ausmalen, dazu mit einem kleinen flachpinsel viel farbe aufnehmen und sie sorgfältig stück für stück auftragen
5. auch die lippen schwarz ausmalen
6. alles gut trocken lassen
7. mit schwarzem schminkstift in das blau kleine sterne setzen
8. mit weißer wasserschminke die augen und seitenkonturen der fledermaus mit einem rundpinsel einzeichnen
9. nicht vergessen: blonde haare für das batman-gesicht schwarz einfärben

4 Begründe, woran du erkannt hast, dass ein Wort großgeschrieben wird:
- Unterstreiche das Erkennungswort.
- Schreibe zum Nomen die Ziffer der passenden Schreibhilfe.
- Bei einigen Nomen fehlt ein Erkennungswort. Schreibe es mit einem möglichen Erkennungswort auf.

→ *Die Schreibhilfen findest du im Regelkasten des Schülerbands auf Seite 262.*

5 Schreibe den berichtigten Text auf ein Zusatzblatt.

Auf Signalwörter achten

Nominalisierte Verben und Adjektive

Ein **Verb** kann zu einem Nomen werden. Vor dem Verb steht dann meistens ein Artikel (das, ein ...) oder ein anderer Begleiter (beim, im, vom, zum, mein ...) Beispiel:
Das Schwimmen ist mein Hobby. Beim Schwimmen erhole ich mich.

1 Klein oder groß? Streiche in dem folgenden Text jeweils den falsch geschriebenen Buchstaben durch:

Am Nachmittag hole ich dich zum **S/s**chwimmen ab. In unbekannten Gewässern zu **S/s**chwimmen, ist unerlaubt. Oft **S/s**pielen Kinder an Bahndämmen. Das **S/s**pielen an Bahndämmen ist verboten. Wir **E/e**ssen und **K/k**ochen gern gemeinsam. Beim **E/e**ssen unterhalten wir uns gern über das gemeinsame **K/k**ochen. Wenn ich beim **L/l**esen gestört werde, so finde ich das zum **H/h**eulen. Wenn ich **L/l**ese, sollte mich keiner **S/s**tören. Im **F/f**allen konnte sie sich noch abstützen. Als sie **F/f**iel, konnte sie sich gerade noch abstützen. Beim lauten **S/s**chnarchen kann ich nicht einschlafen. Wenn manche **S/s**chnarchen, wackeln die Wände.

2 Ergänze, was alles an der Schule erlaubt oder verboten ist.

Es ist verboten, ... *Probleme mit Gewalt zu lösen, Tiere mitzubringen,*

Es ist erlaubt, ... *während der Pausen zu trinken und zu essen, Musik zu hören,*

3 Formuliere die Sätze der Aufgabe 2 so um, dass die Verben zu Nomen werden und großgeschrieben werden müssen.

Verboten ist: *das Lösen von Problemen mit Gewalt,*

Erlaubt ist: *das Trinken und Essen während der Pausen,*

4 Setze in die Lücken die Adjektive, die in den Klammern in Großbuchstaben stehen, in der richtigen Schreibweise ein.

a) Das (GUTE) ________________ daran ist, dass es nichts kostet.

b) Es ist (GUT) ________________, dass du da bist.

c) In vielen Filmen siegen die (GUTEN) ________________ über die

(BÖSEN) ________________.

d) Dies ist eine (GUTE) ________________ Erfindung.

e) Im (ÜBRIGEN) ____________________ bin ich dafür, ein neues Fahrrad zu kaufen.

f) Die (ÜBRIGEN) ____________________ Fahrräder können wir verkaufen.

g) Bist du dir im (KLAREN) ____________________, was du willst?

h) Gib eine (KLARE) ____________________ Stellungnahme ab.

i) Heute bist du (WESENTLICH) ___________________________ früher als gestern.

j) Im (WESENTLICHEN) _____________________________ ist alles gesagt.

5 Setze auch in die folgenden Satzlücken die Adjektive in den Klammern in der richtigen Schreibweise ein. Manchmal musst du eine Endung anfügen.

a) Auf dem Markt kauft er sich alles (MÖGLICH) _________________________.

b) Das ist alles (MÖGLICH) _________________________.

c) Zum Geburtstag wünsche ich dir alles (GUT) ________________.

d) Ich möchte, dass es dir (GUT) ________________ geht.

e) Rede nicht (SCHLECHT) ____________________ über andere.

f) Sage nichts (SCHLECHT) ____________________ über andere.

g) Ich habe nichts (NEU) ________________ erfahren.

h) Das ist nicht (NEU) ________________ für mich.

i) In (FREMD) ______________ Ländern findet man allerlei (FREMD) ____________.

6 Unterstreiche in Aufgabe 5 die Mengenwörter und die Endungen der nominalisierten Adjektive.

Zeitangaben – groß oder klein?

1 Im Wörterbuch findest du unter den Stichwörtern „Morgen“ und „Montag“ folgende Beispiele. Überprüfe es mit deinem Wörterbuch.

heute Morgen, bis morgen, übermorgen, morgendlich, morgens, der Morgen, gegen Morgen, am nächsten Morgen, eines Morgens, morgen ...

der Montagabend, am Montagabend, montags, montagabends, montags abends, montags nachts ...

2 Suche zu den Stichwörtern „Abend“ und „Sonntag“ ähnliche Beispiele und schreibe sie auf ein Zusatzblatt.

3 Ergänze die jeweils entsprechende Zeitangabe, die mal klein- oder mal großgeschrieben werden soll.

groß →	klein	klein →	groß
Dienstag	*dienstags*	*täglich*	*jeden Tag*
der Abend		*tags darauf*	*am*
am Nachmittag		*mittags*	*am*
in der Nacht		*samstagabends*	*am*
am Montagabend		*jährlich*	*jedes*

4 Schreibe die Zeitangaben der Reihe nach richtig in die Satzlücken:

DIENSTAG
HEUTE
SONNTAG
ÜBERMORGEN
MITTWOCHS
MITTAG
VIERTEL VOR ZWÖLF
HEUTE MORGEN
FRÜH
SONNTAGSMORGENS
MORGEN
DIENSTAGMITTAG

„Hi, können wir unseren Termin auf ______ verschieben?“

„Da ______ ______ ist, wäre das ______. Mir wäre ______ gegen ______ lieber.“

„Gut, ich bin gegen ______ da. Und du warst ______ schon so ______ unterwegs?“

„Ja, ich mache regelmäßig ______ eine längere Fahrradtour. Tschüss, bis ______.

Nein, bis ______!“

Regelungen zur Schreibung von Zeitangaben kennen

5 Schreibe in einem Text auf, was Björn für die nächsten drei Tage plant. Verwende dabei so viele Zeitangaben wie möglich. Gib jedoch nicht die genaue Uhrzeit an, sondern nur die allgemeine Tageszeit.
Beispiel: *Sonntagmorgen, mittwochs, gegen Mittag.*

Sonntag		**Montag**		**Dienstag**	
8.00 h	Frühstück	7.00 h	Frühstück	7.00 h	Frühstück
9.00 h	Spaziergang mit Hund	8.00–13.00 h	Schule, 2. Std. Mathearbeit	8.00–13.00 h	Schule Wandertag
11.00–12.00 h	Schwimmbad	14.00–15.00 h	Freizeit/ Computer	14.00–15.00 h	Freizeit/ Computer
13.00 h	Mittagessen				
14.00–17.00 h	Sportplatz	15.30 h	Zahnarzt	15.00–16.00 h	Hausaufgaben
		17.00 h	Hausaufgaben	16.00–17.30 h	Training/Fußball
18.00 h	Abendessen	18.00 h	Abendessen	18.00 h	Abendessen
20.15–21.45 h	Fernsehabend/ Krimi		Spaziergang mit Hund	20.15–21.45 h	Krimi
22.00 h	Lesen/Bett	22.00 h	Lesen/Bett	22.00 h	Lesen/Bett

6 Nutze deinen Text als Partnerdiktat.

Sprachwissen nutzen

Getrennt oder zusammen?

1 Wann kann man Verbindungen aus zwei Verben auch zusammenzuschreiben? Finde eine Antwort im Regelkasten des Schülerbands, S. 266.

2 Unterstreiche Verbverbindungen mit einer übertragende Bedeutung:

a) Er hat seine Uhr fallen lassen.

b) Er hat eine dumme Bemerkung fallen lassen/fallenlassen.

c) Die Vokabeln sollen im Gedächtnis haften bleiben/haftenbleiben.

d) An den Schuhen kann leicht Dreck haften bleiben.

3 Setze die Verben aus der Randspalte in die Satzlücken ein.
Wenn eine Doppelschreibung möglich ist, schreibe beide Möglichkeiten auf.
Begründe deine Entscheidung mit der Regel.

gehen?lassen — a) Unser Lehrer hat uns allein ______

stehen?bleiben — b) Irgendwann wird die Uhr ______

steigen?lassen — c) Morgen werden wir eine Party ______

gehen?lassen — d) Du sollst dich nicht bei jeder Kleinigkeit so ______

spazieren?gehen — e) Am Wochenende wollen wir ______

4 Zu welchen der folgenden blau gedruckten Ausdrücke gibt es eine weitere Schreibweise. Ergänze sie in der Randspalte.

______ a) Ich habe den Teller fallen lassen.

______ b) Er hat die Maske fallen lassen. (= sein wahres Gesicht gezeigt)

______ c) Er hat eine Bemerkung fallen lassen. (= gemacht)

______ d) Wir sind auf der Bank sitzen geblieben.

______ e) Sie sind in der Schule sitzen geblieben. (= nicht versetzt worden)

______ f) Wir sind auf den Blumen sitzen geblieben. (= haben sie nicht verkauft)

______ g) Er hat sie neben sich auf der Band sitzen lassen.

______ h) Als er Hilfe brauchte, habe ich ihn sitzen lassen. (= ihm nicht geholfen)

5 Unterstreiche alle Ausdrücke, in der eine übertragende Bedeutung vorliegt.

a) Er hat seine Hausaufgaben flott?gemacht.
b) Er hat sein Fahrrad wieder flott?gemacht.
c) Wegen einer Grippe wird er längere Zeit flach?liegen.
d) Der Teppich sollte auf dem Boden flach?liegen.
e) Er wollte ihn durch ein Foul flach?legen.

6 Wende die Regel im Schülerbuch auf Seite 267 richtig an und schreibe die Sätze aus Aufgabe 5 richtig in dein Heft.

7 Schreibe die Wortverbindungen der Randspalte richtig in die Satzlücken. Beachte dabei wieder die Regel im Schülerbuch. Manchmal musst du die Form ändern. Führe als Entscheidungshilfe und zur Überprüfung auch die Betonungsprobe durch und unterstreiche die betonte Silbe.

a) Auf diesen glatten Fliesen kann man ________________ *leicht?fallen*

b) Auch fremde Texte kann Tanja ________________ *flüssig?lesen*

c) Ich habe nur wenig Geld, deshalb muss ich ________________ *kürzer?treten*

d) Nomen muss man immer ________________ *groß?schreiben*

e) Der Termin der Arbeit wird immer ________________ *näher?kommen*

f) Da musste ich mich mal wieder ________________ *krumm?lachen*

g) Er wird ihm den Sachverhalt schon ________________ *nahe?bringen*

h) Er wird sich bestimmt nicht ________________ *tot?arbeiten*

i) Mit dieser Ansicht kannst du auch ________________ *falsch?liegen*

j) Der heutige Termin muss leider ________________ *flach?fallen*

k) Diese Arbeit sollen wir unbedingt ________________ *genau?nehmen*

l) Für unseren Unfug müssen wir jetzt auch ________________ *gerade?stehen*

m) Die Tür soll bitte ________________ *offen?bleiben*

8 Nutze einige Wortverbindungen der Randspalte nun in kurzen Sätzen, und zwar so, dass sie zusammen- statt getrennt geschrieben oder getrennt statt zusammengeschrieben werden müssen. Beispiel:
Getrennt: *Auf diesen glatten Fliesen kann man leicht fallen.*
Zusammen: *Die Arbeit ist mir leichtgefallen.*
Überprüfe die Rechtschreibung mit der Regel und mit dem Wörterbuch.
Löse die Aufgabe auf einem Zusatzblatt.

Überprüfe dein Wissen und Können

1 Warum schreibt man *süß* und *heiß* mit ß und *nass* und *Riss* mit ss?
Kreuze die richtigen Antworten an:

- ☐ Nach einem Vokal steht am Wortende immer ß.
- ☐ An der zweisilbigen Wortform erkennt man, dass in *süß* und *groß* die betonte Silbe offen ist. Dann schreibt man immer ß.
- ☐ In der zweisilbigen Wortform endet die erste Silbe mit einem Vokalbuchstaben, dann steht ein ß. Der Vokal wird lang gesprochen.

2 Setze in die einsilbigen Wörter ss oder ß richtig ein:
er bei____t, der Bi____, er mi____t, das Ma____, sie i____t, sie a____

3 In den Klammern gibt es immer eine Wortform, die die unterstrichenen Buchstaben in den Wörtern begründet. Streiche die Wortformen, die als Begründung nicht brauchbar sind.
nämlich (nehmen, Name)   wäre (war, wahr)   er rät (die Ratten, raten)
rät (retten, raten)   er stellt (stellen, Stall)   Hut (Hüte, Hütte)
er kam (kommen, kamen)   er gräbt (das Grab, graben)
Grashalm (grasgrün, die Gräser)   Rundlauf (rund, umrunden)

4 Welche Wörter in den folgenden Sätzen sind Nomen und müssen großgeschrieben werden? Berichtige die Anfangsbuchstaben.

a) Glaubt diesem gequatsche über eine kürzung der ferien nicht.
b) Sein ständiges reden über die wichtigkeit von bewegung geht vielen allmählich auf die nerven.
c) Beim diskutieren der vorschläge zur verlängerung der pausen gab es grundsätzliche bedenken.
d) Die freude am tischtennisspielen habt ihr ihm durch euren spott und ständiges ärgern verdorben.
e) Gutes und faires benehmen und ein ordentliches auftreten ist für viele eine selbstverständlichkeit.

5 Setze die Wortverbindungen in der richtigen Schreibweise ein. Unterstreiche in der zusammengeschriebenen Wortverbindung den betonten Wortteil.

fest?halten

Wir sollten wichtige Aussagen schriftlich ____________________.

Wir müssen den Lenkdrachen ganz ____________________.

gut?machen

Unsere Arbeit werden wir schon ____________________.

Den Schaden müssen wir schnell ____________________.

schwer?fallen

Die Übung ist ihm ____________________.

Sie ist während des Spiels ____________________.